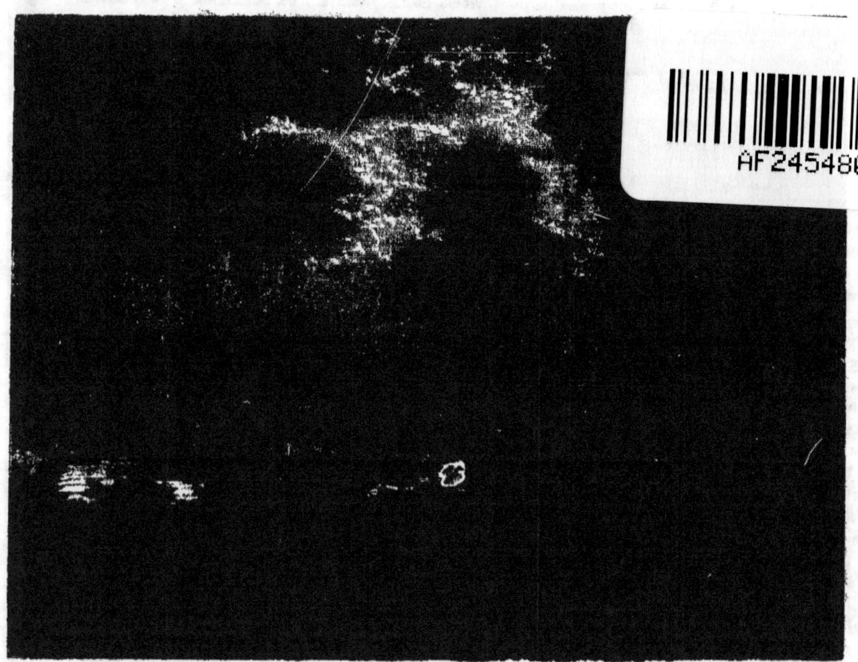

Village de Oua-Nyika (voy. p. 292). — Dessin de A. de Bar, d'après une gravure de l'édition anglaise.

AU PAYS DES MASSAÏ[1]

(AFRIQUE CENTRALE),

PAR M. THOMSON.

TEXTE ET DESSINS INÉDITS.

INTRODUCTION.

Le pays des Massaï. — Voyages de Rebmann. — Krapf. — Von der Decken. — La nouvelle expédition.

L'histoire des découvertes sur les côtes orientales de l'Afrique centrale commence avec Vasco de Gama, qui aborda, par accident, à Mombâz, son navire ayant failli se briser sur les récifs qui l'entourent. Pendant de longs siècles nul n'osa s'aventurer à l'intérieur du pays. Ce n'est qu'en 1847 que commencent les tentatives sérieuses d'exploration. Rebmann, le premier, avec huit hommes d'escorte, révéla au monde les remarquables montagnes isolées et les chaînes pittoresques du Teita. L'année suivante, *armé d'un parapluie*, et accompagné de neuf indigènes, il voit pour la première fois les neiges éternelles de l'Afrique centrale. Pour donner une idée des difficultés d'une pareille campagne, il suffira de dire qu'une mission de naturalistes, dans les mêmes contrées, a nécessité dernièrement une escorte de cent quarante hommes. A la fin de la même année, Rebmann entreprend un nou-

---

1. Le pays des Massaï, où m'ont conduit les voyages qui forment le sujet de ce récit, occupe une bande diagonale de terrain, circonscrite par le premier degré de latitude nord et le cinquième degré de latitude sud, et par les trente-troisième et trente-neuvième degrés de longitude est.

veau voyage. avec quinze porteurs. Il semble, cette fois, avoir perdu sa confiance première dans la vertu de son parapluie, car ses hommes sont armés de fusils, d'arcs et de flèches. Le 6 avril 1849 il se remet en route. Pour mieux accentuer le contraste entre l'équipage qu'on croit indispensable dans notre époque dégénérée et le modeste bagage du missionnaire, disons que la place d'honneur y était encore occupée par le légendaire riflard. « Presque toutes les nuits, écrit « le Révérend, les averses se succédaient du soir au « matin, et moi-même et mes gens nous couchions en « plein air, sans autre abri que mon seul parapluie. »

Après lui, Krapf tente de pénétrer à l'intérieur du Continent Noir. Un premier voyage, entrepris avec onze hommes seulement, en 1849, l'avait conduit à travers l'Ou-Kambani jusqu'à Kitoui. Deux ans plus tard, en 1851, il reprend le chemin de l'Ou-Kambani. Il n'y peut arriver, et est obligé de revenir à la côte, après une longue série de souffrances et d'incidents extraordinaires, dans lesquels, chose curieuse, un parapluie figure encore au premier rang des armes défensives. La petite troupe fut attaquée par des brigands ; une décharge de mousqueterie ne les décida point à montrer les talons ; mais le *gamp*, ouvert brusquement, produisit l'effet désiré[1].

Ce n'est qu'en 1862 que le baron von der Decken visita le lac Djipé et le Kilimandjaro, et en publia, pour la première fois, une carte ayant quelque prétention à l'exactitude scientifique. Dans un second voyage il ne put atteindre le pays des Massaï, le but principal de ses efforts. A la frontière même, des milliers de guerriers l'assaillirent, et le contraignirent de regagner la côte. Le chef de la caravane était un certain Sadi-ben-Ahedi. J'ai toute raison de croire que l'insuccès de cette expédition est dû, en grande partie, aux machinations de ce personnage, dont je connais, par expérience, les petits talents en ce genre. Nous le retrouverons dans la suite de ce récit.

Quelques années plus tard, M. New, qui se rendait au Tchagga, escorté du même interprète, fut complètement dépouillé, grâce aux instigations de Sadi, par Mandara, chef du district des Moschi. Il quitta le Tchagga, brisé de corps et d'esprit, et mourut en chemin. Mandara assure que son truchement l'avait empoisonné. Lui-même — il me l'a dit dans un de ses jours d'épanchement confidentiel — pensa un moment à faire assassiner New ; mais sa mère l'empêcha d'exécuter ce projet.

En janvier 1882, à la suite d'un voyage au Nyassa, entrepris en 1877 sous les auspices de la Société royale de géographie de Londres, et que j'eus à diriger après la mort de Keith Johnson, enlevé par la dysenterie dès le début de la campagne, j'eus le très vif plaisir d'être chargé par cette Société de lui présenter un travail sur la possibilité de faire passer une caravane par le pays des Massaï, sur la route à choisir et les dé-

1. C'est ainsi que Charles Didier raconte qu'il mit en fuite des molosses dans son livre de la *Campagne romaine*.

penses probables. Celles-ci furent évaluées à quatre mille livres sterling (cent mille francs), dans la prévision de l'adjonction d'un naturaliste à l'expédition. La Société décida d'envoyer une mission purement géographique. J'en fus nommé le chef, à ma fort grande joie. On m'assignait un viatique de deux mille livres sterling, augmenté ensuite de six cents, puis de quatre cents, ce dernier subside obtenu après les réclamations qu'il me fallut faire, une fois rendu à Zanzibar. Mille livres de plus ne m'auraient certes pas gêné.

I

EN RECONNAISSANCE.

A Zanzibar. — Un concurrent. — Mes chefs de caravane. — James Martin. — Mombâz. — Frère-Town. — Derniers préparatifs.

Une traversée aussi agréable qu'on la peut désirer m'amena (le 26 janvier 1883) à l'île de Zanzibar.

Je fus vite au courant des nouvelles locales. On m'apprit, à mon grand contentement, que le gouvernement m'avait recommandé aux bons offices du sultan, avec lequel un regrettable malentendu m'avait autrefois quelque peu brouillé, et dont j'aurais pu redouter le mauvais vouloir.

Les nouvelles de l'intérieur n'offraient aucun intérêt particulier. Mais les faits et gestes d'un voyageur germanique, le naturaliste Fischer, me préoccupaient. Il avait reçu de la Société géographique de Hambourg la mission de pénétrer dans les régions mêmes sur lesquelles je comptais me diriger. Il travaillait mystérieusement depuis plusieurs mois à ses préparatifs ; mais, jusqu'à l'heure du départ, nul ne connut au juste ni son plan ni son but.

Mon premier soin devait être de me procurer des chefs de caravane, de qui dépend à un si haut degré le succès d'une expédition africaine.

A ma grande satisfaction, je retrouvai Makatoubou, homme digne de toute confiance, laborieux, vigoureux, énergique, intelligent, mais sans tact dans ses rapports avec ses subordonnés ; jamais il n'a su les tenir en main. Il fut relégué au second plan, avec les bagages sous sa juridiction spéciale.

Je m'étais imaginé que Mouinyi Séra ou Manoua Séra, qui avait accompagné Stanley dans son fameux voyage à travers le continent[1], aurait un peu du nerf de son énergique maître. Hélas! il devait se montrer le plus fainéant, le plus improfitable des serviteurs. Par la force des choses, sa place devint purement honorifique, et il s'en contenta : raison d'âge, sans doute.

Katchéché, à son tour, le *détective*, dont se loue tellement Stanley, ne se distingua guère dans ses fonctions de maître de police. Mais il se révéla le plus habile des dépensiers. Je le mis à la tête du commissariat et du département des éclaireurs.

1. *Le Tour du Monde*, vol. XXXVI.

Venait ensuite Brahim ou Ali-Ngombè (Ali le Taureau). Puissamment charpenté, la physionomie effrayante de férocité au moindre bouillonnement de colère, Brahim était le beau idéal du sauvage, le matamore de la caravane, l'idole de ses compagnons. En peu de jours Brahim acquit sur mes engagés une influence

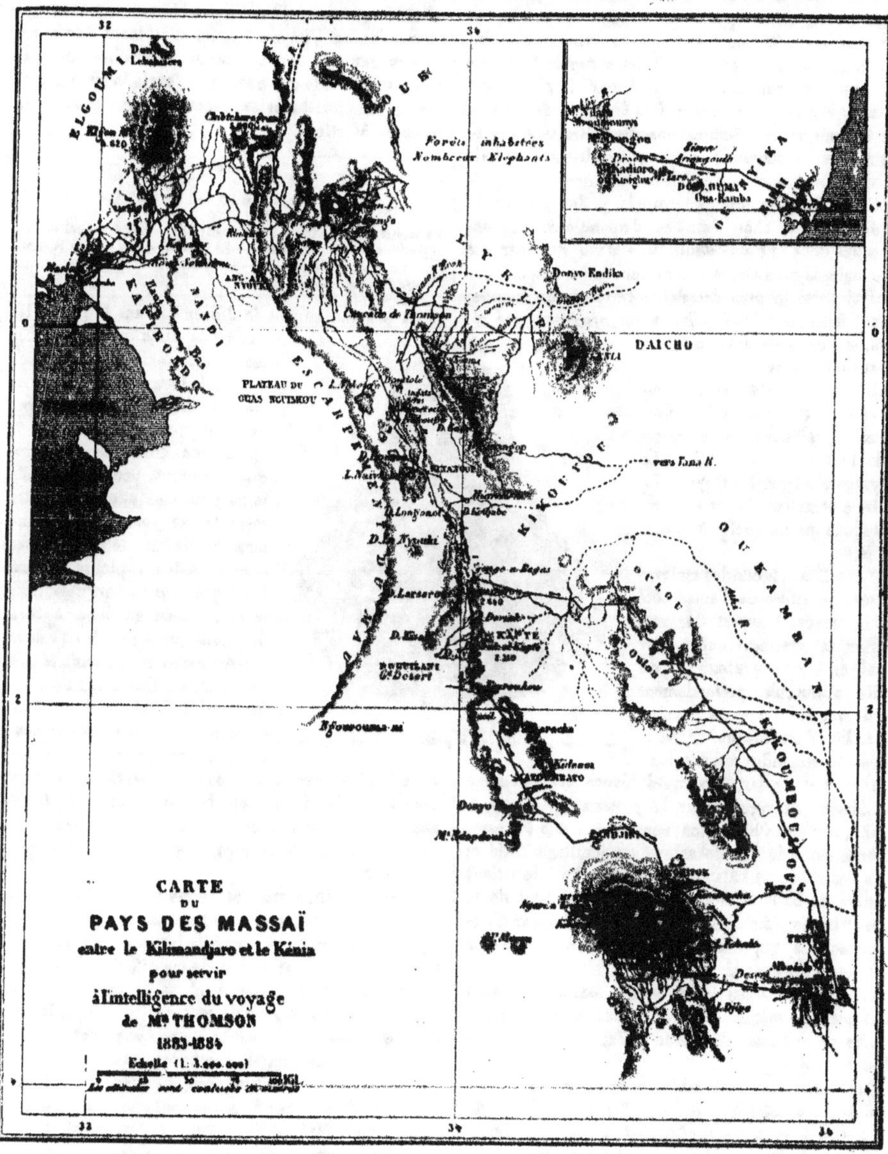

irrésistible. Il fut mon aide de camp, mon ordonnance, mon compagnon de chasse, le plus indispensable de mes serviteurs.

Après eux, Mzi-Ouledi, homme fort adroit de ses mains, sachant coudre et tailler les étoffes, arrimer les ballots, et qui fut le bras droit de Makatoubou.

Il me reste à présenter au lecteur la plus précieuse de mes recrues, James Martin, matelot maltais. Je m'étais bien promis de n'admettre aucun blanc dans ma troupe; mais, dès mon arrivée à Zanzibar, Martin vint me trouver avec d'excellents certificats. Il connaissait le dialecte ki-souahili et savait pratiquer à fond les naturels; sans place en ce moment, il se déclarait prêt à accepter n'importe quels gages; je me laissai persuader et n'ai pas eu à m'en repentir un seul instant. Je n'éprouvai pas le moindre scrupule à le traiter plutôt en camarade qu'en inférieur. Il n'en abusa jamais, et du commencement à la fin se conduisait avec un tact surprenant. Enfin, chose peut-être sans précédent dans les annales des voyageurs africains, jamais le moindre nuage ne s'est élevé entre nous.

Cette affaire importante terminée, je dus me rendre à Mombâz pour choisir ma base d'opérations. Je m'embarquai donc sur une *daou*, une daou de l'Afrique orientale, le plus atroce des moyens de transport. J'y arrivai après la plus détestable traversée du monde, ayant failli voir mon embarcation brisée sur les récifs, et moi-même noyé en débarquant sur la rive.

L'île de Mombâz occupe une anse pittoresque dont la pointe entaille profondément les terres à la base des monts Rabal. Le paysage n'est guère attrayant. La ville, à demi ruinée, ne se compose plus que de quelques huttes de boue.

Frère-Town, la cité des esclaves libres, est située de l'autre côté de la crique. L'aspect de cette station est vraiment enchanteur à voir de la rive monbazienne du golfe minuscule profondément serti dans les terres; à gauche, au milieu d'un bosquet de mangoustans magnifiques, une maison au toit de fer, aux murs blancs comme neige se détache en vigueur sur la puissante verdure. A droite, une autre habitation, surmontée d'une terrasse, s'abrite sous de grands arbres au feuillage délié et sous des palmiers balançant leur panache à la brise; nombre de bâtisses moins grandes témoignent de la prospérité de l'établissement. Il est habité par d'anciens esclaves, qui sont d'un comique achevé, avec leur défroque européenne.

Une daou repartait le lendemain matin. Le temps était beau, la mer belle, et en moins de vingt-quatre heures nous étions de retour à Zanzibar après une absence de onze jours.

Tout bien pesé : Mombâz devenait ma tête de ligne. Je me décidai à prendre à Zanzibar le gros de ma troupe de porteurs, sauf à y adjoindre une poignée d'hommes de la côte. Mais ce ne fut pas chose facile de les recruter. L'Association internationale africaine du Congo avait drainé la ville de ses meilleurs porteurs. Un flot de vagabonds vint s'arrêter à ma porte;

James Martin. — Gravure empruntée à l'édition anglaise.

le borgne et le boiteux, toute la basse pègre zanzibarienne, voleurs et assassins, écumeurs de plage, esclaves marrons, la plupart littéralement pourris par une vie de débauche. Que faire? sinon m'en contenter. Enfin, le 2 mars, grâce à l'aide de Martin et de mes chefs de caravane, j'eus l'indicible satisfaction de voir la mission au Victoria Nyanza et au mont Kénia, tout entière, sauf son chef qui restait provisoirement en arrière, monter sur une daou que j'avais louée, et, poussée par une fraîche brise, gagner le large sous la conduite de Martin.

II

DE ZANZIBAR A TAVETA.

La mission de Rabal. — Les Oua-Nyika. — Le personnel de l'expédition. — Le Dourouma. — Le désert. — Les ouagouroungas. — De Maungou à Ndara. — Le Teita et ses habitants. — Toilette d'une demoiselle M'teita.

Le 6 mars, comme je descendais sur la plage, les vœux des amis que je quittais me furent manifestés à la *mode de chez nous*, par nombre de vieux souliers lancés sur les pas de celui qui s'éloignait. Le 7, après une traversée de vingt-quatre heures, pendant laquelle je fis tous mes efforts pour être *terriblement jovial* dans les intervalles de mes tête-à-tête avec la mer, ou de mes plongeons dans les vagues qui embarquaient sur le pont; nous entrions, à bord du remorqueur numéro 11 de la marine britannique, dans le port de Mombâz. Grâce aux bons offices de M. Wakefield, je m'assurai les services de Mouhiana, guide et interprète, le fonctionnaire le plus important d'une caravane. Ce personnage avait trafiqué en ivoire dans les hautes terres et pénétré une trentaine de fois chez les Massaï; il connaissait tous les sentiers de leur pays, et en possédait à fond le langage.

Le lendemain, dimanche, je me rendis à la mission de Rabal, charmant petit *cottage* situé dans un paysage agréable et varié, semé de bouquets de cocotiers aux têtes bercées par le vent, de massifs de broussailles vert sombre, de clairières herbues de coloration plus gaie; partout des signes de culture; le village, habité par des Oua-Nyika, se cache à demi sous l'ombre des mangoustans. Les huttes, s'ouvrant par une toute petite porte à un bout, sont oblongues, sans murs et en forme de meules de foin. Les hommes sont maigres et faibles; leur visage bistré est hâve. Pour tout vêtement ils ont un simple pagne; pour principales armes offensives et défensives, l'arc et les flèches et le simé ou épée, de forme spatulée, plus large à la pointe et se rétrécissant peu à peu jusqu'à la poignée. Les femmes portent un vêtement qui rappelle le jupon des highlanders d'Écosse; leur parure favorite consiste en une sorte de bas composé de verroteries et moulant exactement la jambe, et en nombreux cordons peu serrés autour du cou et des bras. C'est à elles qu'incombent les travaux, même les plus pénibles.

Avant de prendre définitivement congé de la civilisation, il est bon de passer définitivement en revue le personnel de l'expédition. D'abord, le premier en rang, James Martin, mon camarade, les cheveux et les yeux noirs, le teint basané, les membres écourtés, le torse trapu. Vient ensuite Mouhinna, dont la physionomie matoise ne prévient pas en sa faveur. Puis, Mouinyi Séra, petit et d'âge plus que mûr; Makatoubou, élancé, bien musclé; Katchétché, d'une taille au-dessous de la moyenne et à l'expression cauteleuse; Brahim, fidèle comme le bouledogue, et Mzi-Ouledi, flegmatique et hardi, mais solide.

Après eux, Bédoué (le Rôdeur), un géant, fort, fainéant à l'excès, le capitaine de mes dix Askaris ou soldats; le cuisinier, Mark Wellington, honnête et bien intentionné, mais lent et stupide; Songoro, une vraie perfection, un valet de chambre idéal. Enfin, la plèbe, la canaille innommée de mes engagés, cent treize en tout: vingt-neuf portent des perles; trente-cinq, les fils de fer, de laiton ou de cuivre; quatorze, les cotonnades; neuf, mes bagages; cinq, les munitions; six, les instruments scientifiques; quinze, les tentes, la batterie de cuisine, et divers autres objets; une trentaine de Oua-Teita portant les provisions; deux ânes et un demi-sang noir complètent la caravane.

Le 15 mars 1883, le signal du départ est donné: chacun s'élance vers la tête de la colonne; tous s'époumonent à crier: En avant! ho! Un feu roulant d'adieux s'échange, et, précédée du pavillon anglais, la longue file d'hommes traverse le village de Rabaï.

Deux étapes à travers le pays des Oua-Kamba amènent la caravane au Dourouma, sorte de hallier impénétrable, dont la brousse est un massé de monstruosités végétales, de longues épines y remplaçant presque partout le vert feuillage. Puis l'expédition traverse un vaste désert au sol de grès, creusé de trous produits par l'action des éléments naturels, sorte de

Maison d'un néophyte à la mission de Rabaï. — Gravure empruntée à l'édition anglaise.

puits de cinquante à soixante centimètres de diamètre sur une profondeur de deux mètres quarante, nommés *oungouroungas* par les naturels, et seuls réservoirs d'eau dans cette région. Mais cette eau est caractérisée par un tel *corps*, par un *bouquet* si pénétrant, que les angoisses de la soif seules avaient pu me décider à l'avaler, même après l'avoir fait bouillir et passer à travers des linges. Je buvais cette décoction, mais l'idée d'y laver même mes pieds m'eût semblé une plaisanterie. A l'oungourounga de Taro, quelquefois nommé Zioua d'Ariangoulo, succède une immense plaine où les roches métamorphiques remplacent le grès, où l'eau fait totalement défaut, où la sécheresse règne en souveraine; étape pénible, où les porteurs ahanant et suant, défaillant de soif et de fatigue, se laissent choir à tout instant sur le sol aride et brûlant; la caravane s'allonge, s'égrène, s'éparpille le long du sentier bordé de halliers impénétrables où rôdent les grands fauves. Tel est le vrai *Nyika* de l'Afrique orientale. On gagne enfin le mont Maungou, à la cime évidée en selle, et dont il faut faire l'ascension avant de trouver l'aiguade, un vaste oungourounga qui ne tarit jamais. Le Maungou fait partie de cette rangée de mornes et de pitons isolés qui court presque du nord au sud, et, dans cette dernière direction, se termine par le mont Kisigau. A cinq heures de marche du Maungou se dresse la pittoresque montagne du Ndara, dont la base est couverte de plantations magnifiques. La caravane pénètre dans cette fertile région, accompagnée des cris d'admiration des femmes et des jeunes filles Oua-Teita, accourues à nos côtés, nous regardant de tous leurs yeux et riant bruyamment. Les flancs de la montagne, arrosés par une multitude de ruisselets, sont couverts de plantations cultivées par les femmes. C'est à ce travail, sans doute, qu'elles doivent le développement harmonieux du corps et cet air de santé qui contraste avec la mine chétive des hommes, maigres et mal musclés. Leurs huttes, à parois très basses, ressemblent à des ruches d'abeilles; la lumière du jour en est entièrement exclue grâce à une palissade qui contourne en spirale l'intérieur de la case, pour former un corridor étroit, partant de la porte et empêchant le courant d'air de frapper directement sur le foyer; celui-ci, qui brille nuit et jour, est leur seul luminaire. On empile le bois de chauffage dans ce vestibule. Les provisions d'hiver sont appendues aux solives dans de nombreuses calebasses. Poules, chèvres, brebis se choisissent des coins à leur convenance et, fraternisant avec les maîtres, font du logis, au goût des indigènes, l'intérieur le plus confortable et le plus intime.

Trois heures de rude labeur nous amènent sur le sommet du Ndara, le Mroumounyi, qui domine tout le pays environnant d'une hauteur de quinze cent cinquante mètres, et d'où l'on jouit d'une vue admirable et étendue. La masse cylindrique et grandiose, coupée par des lignes de stratus, ou le cône tronqué du Kadiaro (Kisigau), les montagnes de l'Ou-Sambara, du Paré et de l'Ougono, la superbe chaîne de Boura, avec ses contours déchirés et ses trois grands massifs, le Kibomou, le Soungouloulou et le Mbololo, surgissent à mes regards comme un archipel d'îlots s'élevant à pic sur des flots verts grisâtres. Les Oua-Teïta sont de taille un peu au-dessous de la moyenne; maigres, les membres grêles, ils supportent pourtant des fatigues considérables, et chez aux la force nerveuse semble de beaucoup supérieure à la force musculaire. Leurs traits paraissent tenir le milieu entre les linéaments à peine ébauchés du vrai nègre et ceux des Gallas ou des Somalis : la mâchoire est quelque peu prognathe, le crâne étroit. Ils n'ont d'autre vêtement qu'une cotonnade écourtée, nouée au hasard autour des reins, ou attachée à une épaule et flottant à la brise. Au cou et aux bras, quelques joyaux de laiton, des verroteries, des chaînettes fabriquées dans le pays. Pour armes, un couteau, une épée longue et spatulée, un arc et des flèches, mais tout cela mal travaillé, mal fini, et ne dénotant pas que le guerrier mette le moindre orgueil à son équipement. Accoutumés à leurs montagnes escarpées et coupées de précipices, ils ne se servent guère de lances et préfèrent les flèches, qu'ils lancent de derrière les roches. Les Massaï, chargés de lourdes piques et habitués aux plaines, ne se hasardent guère à les troubler.

Et maintenant, lectrice aimable, je vous invite à assister avec moi à la toilette d'une M'teïta du beau monde. Pour calmer vos scrupules, imaginez que la

Femmes Oua-Nyika écrasant les graines (voy. p. 293). — Gravure empruntée à l'édition anglaise.

personne en question est déjà revêtue d'une « cuirasse » ou d'un « étui » en peau de Suède brun-rouge et taillé par la meilleure faiseuse. Quant à la belle elle-même, la simplicité de son costume ne lui cause aucun embarras; elle sourit avec non moins de gaieté et de coquetterie que la plus charmante des Européennes; du reste, quels mystères aurait-elle à cacher? Nul besoin de « tournure »; la ouate lui est inutile. Entrons dans la hutte circulaire et basse; malgré la chaleur suffocante et la fumée qui vous prend à la gorge, vous finirez bien par distinguer, à la lueur du feu, notre gracieuse amie. La jeune personne est de taille fort petite, visage rond, comme la plupart de ses compagnes, avec un soupçon de prognathisme à l'angle facial. Le galbe pas trop mal, pour une négresse, quoiqu'il n'offre pas à la ceinture cette ligne sinueuse qui s'accorde davantage avec nos idées sur la beauté féminine. Les membres sont admirablement découplés; le corps est agile et souple comme celui d'une couleuvre; son œil lance des feux; on voit à son sourire qu'elle n'a pas un doute sur le pouvoir de ses charmes.

La demoiselle a déjà revêtu, ou, pour mieux dire, elle n'avait pas quitté « le simple appareil » d'une beauté M'teïta. C'est un épais badigeon de noir de fumée et d'huile de ricin. Elle y ajoute une couche nouvelle pour les conquêtes de la journée, puis, aux flammes incertaines du foyer, elle reluit comme un escargot sortant de sa coquille, pimpant et frais, en route pour la promenade du soir. Rien d'hygiénique comme ce vernissage qui protège seul les montagnardes du Ndara contre les chaleurs extrêmes du jour et le froid de la nuit. Il écarte les rhumes et prévient une transpiration excessive.

Avant de recevoir ses visiteurs, notre hôtesse s'était aussi parée de son tablier, un petit carré de peau de la grandeur d'un mouchoir de poche de dame et en entier couvert de perles; derrière, on dirait qu'elle porte les pans de l'habit de missionnaire, mais un peu allongés et tout brodé de verroteries formant des dessins variés; les deux lourdes basques frappent les jambes d'une façon sans doute agréable quand il fait chaud. Cette mode, du reste, n'est pas absolument rigoureuse, et d'autres M'teïta du bon ton se contentent de la moitié

M. Thomson et son état-major. — Dessin de Y. Pranishnikoff, d'après l'édition anglaise.

postérieure d'un minuscule jupon. La chevelure est rasée tout autour des tempes; on en garde sur le sommet une couronne de dix ou douze centimètres de diamètre. A grand labeur, on la sépare en mèches, on la roule en cordons très serrés et très nombreux, qui donnent à la tête l'aspect d'un plumeau de lisières. Sur chacune des torsades on fixe des files de perles de diverses couleurs; autour de la partie rasée on attache un bandeau de verroteries large de cinq centimètres, de chaque côté duquel trois longs cordons tombent en liberté jusqu'au-dessous des épaules. L'oreille, toute percée de trous, chargée de gros anneaux de verre et distendue par le poids, devient un objet sans forme, hideux à contempler. Les paupières ont été soigneusement dépouillées de leurs cils. La belle n'a plus à présent qu'à donner, au moyen d'une lime, une pointe plus aiguë à ses longues dents de crocodile : sa tête est faite et parfaite. Elle retire alors, d'une cheville avoisinante, une trentaine de grands colliers, qu'elle passe par-dessus l'épaule droite et par-dessous l'aisselle gauche; ils pendent jusqu'à la ceinture, se croisant, au milieu d'une poitrine pleine et bien formée, avec une autre série de colliers partant de l'épaule opposée. Au cou, cent cinquante à deux cents rangs de perles servent de base à un carcan monumental composé d'une solide masse de verroteries, haute de huit à dix centimètres, et qu'on fixe de manière à relever le menton et à remplir toute la dépression du dessous. Au torse, maintenant! et, avec une admiration profonde pour la vigueur physique et le courage qu'il lui faut pour suivre la mode à tout prix, nous la voyons prendre successivement deux ou trois cents autres fils de perles, des ceintures, des bandeaux, toujours hardés de grains de verre, et en bastionner la région autour de laquelle, en nos pays, le valseur arrondit son bras.

Il ne reste plus qu'à emmailloter bras et jambes de bandes très serrées. Ayant ainsi chargé sa personne d'un poids de douze à quinze kilogrammes, la dame se retourne complaisamment pour recevoir en tribut de louanges, puis s'accroupit sur le sol afin de se remettre d'une si dure corvée.

N'ayant plus de prétextes pour prolonger l'entrevue, nous déposons nos offrandes à ses pieds et prenons congé, baignés de sueur, noircis de fumée comme des ramoneurs.

Ainsi armée en guerre, notre M'teïta remplit son sac de maïs et descend au campement pour y exciter l'admiration générale, et se livrer à l'occupation si chère au cœur de toutes les femmes.... débattre à outrance le prix de ses denrées.

Une halte prolongée au milieu de cette peuplade aux mœurs primitives ayant réparé les forces de la caravane, celle-ci reprend sa route vers l'ouest, contourne l'extrémité sud de la chaîne de Boura par des chemins difficiles, campe au pied du majestueux cône du Kilima-Kibomou, et, après une nouvelle marche de deux jours à travers une zone dépourvue d'eau, atteint, dans la soirée du 31 mars, les ombrages et les eaux limpides d'une des plus charmantes régions forestières de l'Est africain : Taveta.

III

QUINZE JOURS EN FORÊT.

Une question de probité. — Vie à Taveta. — La forêt. — Villas longues. — Une porteuse interminable. — Les danseurs. — Le Kilimandjaro. — Une acquisition douteuse.

Après avoir cheminé sous bois par une sorte de trouée étroite et sinueuse, percée au travers de l'impénétrable forêt, nous entrons, par une porte minuscule, dans l'enceinte des retranchements. Ici nous donnons la parole à nos carabines; elles disent aux naturels, en une langue comprise là-bas de toutes les tribus, qu'une caravane fatiguée vient leur demander l'hospitalité. Nous avançons au milieu de plantureuses bananeraies; de nombreuses décharges de poudre nous répondent d'un accueil cordial. Les naturels commencent à paraître, confirmant leurs salves de bienvenue par des *Yambo! Yambo!* répétés. Des trafiquants Oua-Souahéli, conduits par un certain Dougoumbi, célèbre *mkouginzi* et *mganga*, les suivent, et, beaucoup plus démonstratifs, saisissent et baisent mes mains, en me saluant de leur *saballkheir*, et ouvrent un feu roulant de questions, tout surpris qu'ils sont à la vue d'un homme blanc et de sa caravane dont personne ne leur avait parlé. Le bivouac établi dans une vaste clairière, il fallut entreprendre une besogne très longue, très minutieuse : enfiler toutes

Huttes de Oua-Teïta (voy. p. 293). — Gravure empruntée à l'édition anglaise.

M'tcita de Ndara et jeune fille M'tcita (voy. p. 294-295). — Dessin de Y. Pranishnikoff, d'après l'édition anglaise

mes verroteries en cordons de la dimension requise au pays des Massaï. Soixante mille longueurs; je dis soixante mille, rien que cela! En outre, lesdits personnages n'acceptent la cotonnade que déjà confectionnée en un vêtement de guerre, le *naïbéré*, c'est-à-dire deux mètres d'étoffe, traversés dans le sens de la longueur par une bande rouge ou à damiers dont on effile les bouts pour en former une frange. Nous avons à en confectionner trois cents. Je me résigne donc à une halte assez prolongée. Mais quand on me rapporta l'ouvrage, quelle déception! Je m'étais bercé du doux espoir que la régénération morale de ma troupe avait fait quelque progrès depuis notre départ de la côte. Pas un seul de mes hommes ne rapportait la quantité de perles qui lui avait été confiée; sur trente ballots de verroteries, deux, à peu près, me furent subtilisés pendant l'enfilage, en dépit de toutes les précautions et des corrections nombreuses infligées aux larrons.

La vie matérielle à Taveta offrait, il est vrai, quelques compensations à ces ennuis. Les vivres, poissons, volailles, œufs, moutons ou chèvres, tomates, ignames, patates douces, cassaves, maïs vert, cannes à sucre, bananes dorées, nombre de légumes, paraissaient sur notre table avec une profusion dont je n'ai pas vu d'autre exemple en Afrique. La forêt était un but de charmantes promenades. Le Taveta occupe au pied du versant sud-est du Kilimandjaro une dépression entièrement couverte par une inexpugnable forêt; elle mesure onze kilomètres du nord au sud et moins de deux en largeur; elle a la forme d'un triangle dont le sommet se dirige vers le nord et dont la base est soustendue par le lac Djipé.

La ligne de démarcation est absolue entre la zone plantureuse et la stérilité du désert; nulle transition graduelle; d'un pas à l'autre la scène change brusquement. Ici la nature a prodigué une végétation magnifique dont la ramure feuillée, enguirlandée de lianes, forme à vingt-cinq ou trente mètres de hauteur un dais assez épais pour adoucir et tamiser la lumière. Des singes qui sautent de branche en branche, des bandes de calaos qui volent d'arbre en arbre, d'agiles écureuils animent cette scène. Un aimable murmure d'eau courant sur les rochers annonce le voisinage d'un fleuve : c'est le Loumi, formé par les neiges du Kimaouenzi, une des cimes du puissant Kiliman-

djaro, qui court en se pressant vers le lac Djipé.

Tentés par l'admirable limpidité de ses eaux, nous nous plongeons dans leurs profondeurs cristallines. Le bruit de branches écartées attire notre attention. Voyez-vous ces yeux noirs, étonnés, fixés sur les étrangers? Un *nani ouéoué?* (qui va là?) un peu vif fait tressauter les belles Tavetanes. Elles prennent la fuite comme des biches épeurées. Près de là se trouvent deux ou trois cases en forme de ruches et recouvertes de feuilles de bananier; pénétrons à l'intérieur : une forte odeur nous fait d'abord reculer; deux vaches y habitent, belles et grasses, qui ne sortent jamais; on leur porte l'herbe nécessaire. Presque à les toucher, des pieux soutiennent une peau de bœuf bien tendue : c'est le lit de la dame du lieu et de son seigneur quand il lui prend fantaisie de coucher dans sa villa, car, possédant d'autres huttes et d'autres épouses, chacune avec ses génisses, il mesure la longueur de son séjour au plus ou moins d'affection que lui inspire la ménagère.

Presque rien dans la demeure, sauf la série ordinaire d'ustensiles de cuisine : pots à bière et à eau; calebasses pour le lait, petits cylindres de bois creux pour le miel, corbeilles contenant diverses sortes de grains. Dans les coins, des cachettes pour les perles et la cotonnade. On cuisine dehors.

Femmes Oua-Teïta (voy. p. 294-296). — Gravure empruntée à l'édition anglaise.

Mais voici un bruit de clochettes et d'anneaux de fer tintant l'un contre l'autre. Une vieille femme à l'aspect rébarbatif sort lentement d'une bananeraie, brandissant une baguette destinée à tenir en respect les gamins malicieux. Derrière cette ruine vénérable avance, en se dandinant sur ses hanches, une jeune femme, grasse et rondelette, d'une vingtaine d'années au plus. Autour de son front, un bandeau de cuir orné de cauris soutient « un voile » de jaseron de fer qui couvre presque complètement le visage et descend sur la poitrine. Sur le cou, sur le buste, des perles et des chaînettes de métal. Elle a une robe de peau soigneusement chamoisée; ses bras et ses jambes disparaissent sous des fils de fer et de laiton, aussi gros que celui des télégraphes; toute sa personne est chargée de verroterie et de ferrailles. — Qu'est-ce donc?

La jeune dame est dans un état intéressant : voilà le grand secret; elle chemine à pas comptés, faisant tinter ses sonnettes, dans tout l'orgueil permis à sa situation, enchantée d'annoncer « ses joyeuses attentes » au monde en général, et peut-être à quelque rivale en particulier ; on l'engraisse, on la gave, comme une poularde pour le marché. La belle ne fait œuvre de ses dix doigts ; et quand elle va querir les félicitations de ses amies, un chaperon d'âge mûr la précède et veille à ce que rien sur la route ne vienne l'effrayer ou l'incommoder. Pour ces occasions solennelles, la future matrone accumule sur elle tous les ornements possibles : le voile de chaînettes et les petites cloches sont un privilège distinctif, mais pour le premier-né seulement ; l'annonce d'un second bambin n'excite plus le moindre intérêt. Il est juste d'ajouter que si la fiancée n'a la permission de causer avec aucun homme, le mariage accompli, la femme n'est plus tenue à grand'chose. Le relâchement des mœurs est ici phénoménal ; la fidélité conjugale n'existe pas, ou, du moins, on l'exige aussi peu d'un côté que de l'autre ; ce sont presque les unions libres.

Écoutez ! des voix sonores et bien timbrées s'élèvent des profondeurs de la forêt. Des ho-ho ! ho-ho ! mélodieux vibrent en cadence. Un groupe de jeunes gens et de jeunes filles dansent au milieu d'une jolie clairière. Voyez ces athlètes aux proportions splendides, la chevelure roulée en torsades minces et serrées qui hérissent leur tête, un carré de peau de chevreau jeté sur l'épaule ou battant sur les hanches ; et les danseuses, badigeonnées de graisse ou d'argile, une ceinture autour des reins, chargées de perles, vernissées à neuf, ajoutent au piquant de la scène.

Quelle rude besogne que ce divertissement ! Un des jeunes hommes se présente, une baguette en main, les bras collés le long du corps ; il s'avance en sautillant comme un oiseau ; arrivé au centre de la pelouse, il commence une série de sauts en hauteur, sans plier les jambes ni remuer les bras ; de temps à autre, et par saccades, il lance la tête en avant, de manière que les longs tortillons qui couvrent l'occiput retombent sur son visage. Après une douzaine de ces figures, il recule en sautant toujours ; un autre prend sa place, et ainsi de suite, jusqu'à ce que tous y aient passé.

À l'orée de la forêt, l'Olympe de l'Afrique orientale, le Kilimandjaro, apparaît brusquement dans toute sa gloire. Voici l'immense dôme ou cratère du Kibo,

coiffé de neige, étincelant comme de l'argent bruni sous les rayons du soleil, et à l'est, formant avec lui un saisissant contraste, se dresse le pic anfractueux du Kimaouenzi.

Mais revenons aux prosaïques labeurs de la vie journalière. Mieux éclairé par mes conversations avec Dougoumbi et les autres trafiquants, dont quelques-uns revenaient du pays des Massaï, sur les difficultés que j'aurais à surmonter, je pris la très importante décision d'engager un autre guide et interprète dans la personne de Sadi. J'ai déjà parlé de cet individu. Il avait, par ses perfides intrigues, causé l'insuccès de la mission du baron von der Decken, et contribué, pour une forte part, aux malheurs du pauvre New. Depuis, endetté de très fortes sommes chez les marchands hindous de la côte, ne trouvant plus ni patron ni crédit, il s'était sauvé à Taveta pour éviter la geôle, et y vivait en mendiant. Mais il a une belle prestance, un aspect vénérable et possède la langue des Massaï mieux que n'importe qui ; les Massaï eux-mêmes, ces orateurs nés, avouent qu'en matière de palabre, nul d'entre eux ne lui saurait tenir tête. Tel est l'homme que, après des négociations très épineuses, j'engageai à raison de soixante-quinze francs par mois.

Oua-Teïta, village ndara (voy. p. 294-296). — Gravure empruntée à l'édition anglaise.

Ce fut à Taveta que j'entrai, pour la première fois, en relations avec Mandara. Ce puissant chef m'avait fait inviter à l'aller voir dans le haut pays. Je lui fis reporter avec divers présents l'expression de mon regret que le manque de temps me privât du plaisir de monter le saluer.

La situation, telle qu'elle ressortait des derniers renseignements que j'avais recueillis, peut se résumer ainsi :

J'étais à la porte même du pays des Massaï, avec une caravane des deux tiers plus faible qu'il n'eût fallu, n'ayant pour guides et interprètes que deux individus d'assez méchant renom, et une provision de fil de fer (senenge) notoirement insuffisante. Et c'est avec tous ces désavantages que je vais me lancer dans une entreprise des plus périlleuses, au milieu d'une peuplade dont le nom seul éveille la terreur dans l'âme de tous ceux qui la connaissent, et dans laquelle de nombreuses caravanes de trafiquants ont été anéanties.

IV

SUR LE SEUIL MÊME DU PAYS.

Une ridicule méprise. — En route. — Visite à Mandara. — Mandara et sa résidence. — Ascension du Kilimandjaro. — Une imprudente invitation. — Libéralités forcées. — Mauvaises nouvelles. — Les premiers Massaï. — Les premiers pas dans un nouveau pays. — Le partage du travail. — Indiscrète curiosité. — Impatience. — Retraite inévitable. — Retour à Taveta et à Rabaï.

Le soir du 17 avril, j'ajoutais à mes lettres un dernier paragraphe, le paragraphe « des adieux », et le lendemain, à l'aube, nous quittions les Tavetans au milieu d'unanimes expressions de regret. Nous passons le Loumi et je donne l'ordre de camper. Pour me détendre, je longe les bords de la rivière, la carabine sur l'épaule. Mais le pays est trop découvert, le gibier trop farouche. Enfin, j'aperçois sous la brousse quelque animal qui, dans l'ombre grandissante, me paraît être un rhinocéros. J'avance à pas de loup, ayant bien soin de marcher sous le vent de la bête. J'arrive enfin, non sans égratignures, près du gibier, tenu en haleine à la fois par la prévision du péril et l'espérance de la victoire. Soudain, un formidable hi-han! éveille les échos de la forêt. Mon prétendu rhinocéros n'est que le plus vulgaire des bourriquets. C'est moi qui ne trouvai pas la chose drôle et qui maudis à plein cœur le vénérable animal. Et lui, sans se soucier de mes imprécations, saluait amicalement ma présence, redressant les oreilles, enflant les côtes et faisant retentir l'air de son braiment le plus sonore. Que de gorges chaudes on en fit au camp!

Prenant le sentier qui conduit au Tchagga, et de là au pays des Massaï, en contournant le versant méridional du Kilimandjaro, nous traversons une zone pierreuse où affleurent çà et là des laves trachytiques. Les hommes marchent avec une lenteur excessive. Enfin on arrive sur les bords du Habaï, à l'endroit où ce torrent forme une jolie cascade déterminée par la présence d'une coulée de lave fort dure. À peine campés, on vient m'apprendre qu'un parti de Massaï, deux mille hommes, assure-t-on, se trouve à peu de distance, précisément sur la route à suivre; je suis consterné. La seule chance qui me reste est de tâcher de lier amitié avec Mandara, le grand chef. La chose n'est point sans péril; mais entre plusieurs maux je choisis le moindre.

Le lendemain matin, précédés d'éclaireurs qui ont ordre de se replier sur nous en cas d'alerte, nous arrivons sur le bord du Himou, à un endroit où cette belle rivière se creuse un lit profond dans des blocs de lave vomis par le volcan et dont quelques-uns doivent peser plusieurs tonnes. Un peu plus loin, nous passons le Mto-Kilema, plus étroit, et près duquel on remarque trois petits cônes parasites. Puis on traverse le Kiroua, on franchit une forêt, coupée de très grandes clairières, et nous gagnons le Tchora, le quatrième cours d'eau de la journée. Le campement établi, je me décide à rendre visite à Mandara.

Escorté de Mouhinna et de Brahim, nous gagnons l'appentis d'un forgeron, près duquel nous tirons les trois coups de fusil réglementaires, puis nous attendons que le chef soit prêt à nous recevoir. Bientôt il me fait appeler. Nous arrivons en présence d'un groupe de Oua-Tchagga, à tournure élégante et aristocratique. Ils étaient assis sous un hangar, vêtus de longues pièces de cotonnade teinte en jaune d'ocre. Personne ne m'adressa la parole, personne ne se leva pour me tendre la main; je fis une salutation générale et, sans y être invité, je pris place sur un

Quartiers à Taveta (voy. p. 296-300). — Gravure empruntée à l'édition anglaise.

tronc d'arbre. Pour me remettre de ce glacial début, je demande lequel d'entre eux est le grand chef : on me montre un homme à puissante carrure, à mine vraiment royale. Sur son visage, intelligent pour un nègre, et capable de réfléchir toutes les émotions, étincelle un œil d'aigle, un seulement; l'autre est éteint pour toujours.

Je prends alors la parole, mais, au milieu de mon éloquente harangue, je suis quelque peu déconcerté de voir faiblir l'attention du prince; son œil se fixe sur un de mes pieds; sa bouche se fronce, et le royal personnage se met à siffler comme un simple gamin.

Redoutant le voisinage de quelque serpent, je me hâte de retirer le pied, regardant tout autour avec une certaine anxiété. Je relève les yeux : nous partons à la fois d'un long éclat de rire. Pourquoi? je n'en sais rien, mais la glace était rompue. Mandara m'accable de questions sur mes bottes, car ce sont elles qui lui avaient arraché ce témoignage d'étonnement. Notre entrevue, devenue très amicale, fut agrémentée de sa part par une incessante projection de salive pointée d'entre ses dents avec adresse et entretenue au moyen de nombreuses rasades de bière.

La résidence de Mandara se compose d'un certain nombre de huttes coniques où logent ses épouses, au nombre de cinquante et plus. Sa demeure privée est un bâtiment quadrangulaire, revêtu d'un torchis de bouse et d'argile. Il y reçoit ses hôtes favorisés et y conserve ses « valeurs ».

Tout autour règne une triple palissade de troncs d'arbres; en dehors, huit autres grandes cases renferment chacune huit jeunes femmes que le chef tient sous sa main pour les vendre aux marchands d'esclaves, ou les octroyer à ses soldats en récompense de leurs faits de guerre. Quand la lune brille au ciel et que Mandara se sent l'esprit libre et le cœur gai, ces demoiselles dansent devant lui sur l'herbe; la nuit, une centaine de soldats montent la garde autour du retranchement, toujours prêts à pousser le cri de guerre et à courir sus aux gens trop curieux.

Les environs de cette résidence réunissent à la fois la fertilité luxuriante du Taveta et les beautés grandioses d'un paysage de montagnes.

Le lendemain, je me prépare à l'ascension du Kilimandjaro; je veux essayer d'en voir en un jour tout ce qu'il sera possible. Guidés par un M'Tchagga procuré par Mandara, une couple d'heures nous conduit à

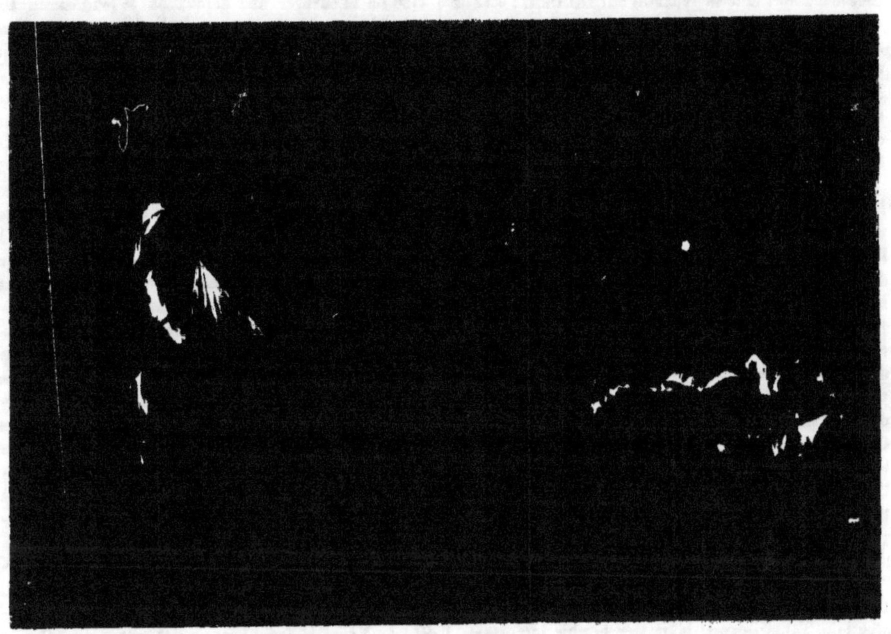

Campement près de Mandara. — Gravure empruntée à l'édition anglaise.

la limite des plantations. On traverse un petit ruisseau et l'on entre dans la région des forêts, ou plutôt des lianes, emmêlées, enchevêtrées, exaspérantes. A neuf heures du matin, et par une altitude de moins de seize cents mètres, il faut s'escrimer, tantôt horizontalement, tantôt en ligne presque verticale, sur un vaste bastion à la cime duquel je m'arrête pour reprendre haleine. Nous sommes sur un épaulement d'où on domine à merveille le piédestal de la montagne, la grande plate-forme du Tchagga. A neuf heures et demie, un très rude effort nous amène sur un plateau étroit où commence la région des brumes presque continuelles. On traverse ensuite une forêt presque impraticable où se trouvent les sources du Himou.

Enfin, à une heure du soir, et à environ deux mille sept cent cinquante mètres d'altitude, après sept heures de la plus rude escalade que j'aie jamais accomplie, je me décide, bien à regret, à renoncer à monter au-dessus de la zone forestière.

Au retour, nous attaquâmes, avec énergie, un banquet de chair de chevreau, œufs, bananes et lait que Mandara, avec une louable prévoyance, avait fait préparer. Ses façons princières m'enthousiasmaient et je ne pus pas résister au désir de lui témoigner en retour quelques égards. Avec une légèreté sans excuse, je l'engageai à venir voir mes trésors, ces objets européens qu'il aimait tant. Il vint, en effet, accompagné d'une escorte de guerriers. Leurs armes sont semblables à celles des Massaï : longues lances ou javelots à large pique, simè, grand bouclier elliptique en peau de buffle, orné de figures héraldiques diversement coloriées, superbes spécimens du travail indigène. Comme forgerons, du reste, les Oua-Tchagga du Moschi n'ont pas de rivaux en Afrique.

A son arrivée, je lui montre mes armes, mes instruments. Son œil d'aigle étincelle de convoitise ; il siffle, il crache jusqu'à extinction, ingurgite libations sur libations de *pombé*. J'aurais dû réfléchir qu'une semblable exhibition éveillerait sûrement la cupidité de Mandara : il fallut, en effet, compter avec mon hôte. J'avais mis à part pour lui : une carabine Snider, un revolver, quatre poires à poudre, une pièce de cotonnade américaine, une de cotonnade bleue, des étoffes aux vives couleurs. Au moment de les lui offrir, une expression méprisante se répandit sur ses traits : « Voilà sans doute, fait-il avec dédain, les présents que tu as préparés pour mes Askari ? » Puis il me tourne le dos et sort majestueusement de la tente. Mouhinna et Brahim, dépêchés après lui, avec de nouveaux présents, ne purent réussir à l'apaiser. Il fallut me séparer, le cœur gros, de ma carabine à deux canons rayés, la fidèle compagne de mes deux précédentes expéditions, d'un *complet* en lainage écossais, d'une paire de souliers, et de divers autres objets. Grâce à ces sacrifices nous nous quittons les meilleurs amis du monde ; j'emporte même sa propre lance, son simè et nombre de menus objets, tous échantillons splendides de l'habileté des ouvriers Oua-Tchagga.

Après avoir perdu quatre grands jours, la caravane reprend sa marche sous une pluie battante, au travers d'une forêt criblée de trous creusés par les chasseurs pour la capture du gibier et dont il eût été impossible de sortir sans l'aide des guides fournis par Mandara. On atteint les rives du Kabé, formé, ici même, par la réunion du Rau, descendu du nord du Moschi, et de l'Ourarou, qui prend sa source au pied de la montagne.

Le jour suivant, nous franchissons le Karanga à l'endroit où il reçoit à l'est l'Oukambari, à l'ouest l'Oumbo, puis, dix minutes après, le Shili, qui vient du Kindi, puis le Seri, assez large, et, quelques pas plus loin, l'Ouéri-ouéri, la rivière la plus importante que nous eussions encore rencontrée. Deux heures de marche sur un terrain parsemé de prodigieux blocs de trachyte qui rappellent le porphyre nous conduisent au Kikavo, torrent-rivière de dimensions considérables.

Le 28 avril, nous touchions à l'épaulement oriental du Kibo, qui forme le district du Shira ; la partie méridionale en est occupée par l'important état du Matchamé. Ce jour-là nous traversons deux torrents, et, après sept heures de marche, nous campons sur le bord d'un troisième, le Fouoko. Le lendemain, près de Kibonoto, nous arrivons au camp où toutes les caravanes allant au pays des Massaï ou s'en retournant s'arrêtent pour se procurer des vivres, qu'on trouve ici en quantité et à bas prix. J'appris, à ma grande contrariété, que je me trouvais suivre maintenant la route de Fischer, et que, peu de jours auparavant, il y avait eu lutte à main armée entre sa troupe et les Massaï : des deux côtés le sang avait coulé ; le pays tout entier était en effervescence. Mes gens en furent consternés. La perspective, en effet, n'était pas réjouissante. Comment passer la frontière avec cent cinquante hommes, quand Fischer, à la tête de plus de trois cents, avait dû en venir aux mains ? Le soir du troisième jour, des femmes Massaï, venant de Kibonoto, passent au camp. Elles entrent, sautillant à petits pas, le corps ondulant d'une façon toute particulière, et chantant la longue salutation d'usage. La cantilène terminée, elles nous disent que les Massaï ont déjà tenu plusieurs palabres à notre sujet, et qu'après maintes querelles on a décidé de m'envoyer une députation le lendemain. Un chant harmonieux qui vient de la forêt annonce l'arrivée des délégués. Ils sont splendides ! ne puis-je m'empêcher de penser en les voyant. Après un salut cérémonieux exécuté avec une dignité et une aisance tout aristocratiques, ils plantent en terre leurs lances à pique évasée, puis, leurs boucliers de peau de buffle appuyés contre les flancs, les guerriers s'asseyent à terre, les genoux au menton, frais enduits de terre grasse et d'huile, et vêtus de jolis petits manteaux de peau de chevreau. Chacun d'eux se lève et parle à son tour ; de leurs longs discours il ressort que leurs compatriotes les ont dépêchés pour nous donner la bienvenue, et nous conduire à leurs kraals.

Le 3 mai enfin, nous franchissons le seuil du dangereux territoire, et nous nous trouvons tout à coup sur une immense plaine, aussi verte, aussi fraîche que les belles prairies de nos climats tempérés, et que parcourent en liberté des troupeaux de buffles, des hordes énormes de gnous, des compagnies de zèbres et des troupes de gracieuses hartebeest. Pour cadre à ce tableau nous avons le vaste cercle des montagnes ; à droite, le Mérou, aux proportions simples et grandioses ; à gauche, le gigantesque Kibo.

Nous approchons des kraals ; les *El-Moran* (guerriers, célibataires) apparaissent en petits groupes. Avant midi la caravane entière arrivait aux eaux glacées du Ngaré N'Erobi, nourri des neiges du Kibo, et qui sort, tout formé, du pied de la montagne. La nouvelle de notre arrivée se répand partout : naturels et naturelles se présentent en foule au camp. Les femmes Massaï n'ont pas moins de cachet que les hommes : taille élégante et bien prise, œil brillant et noir, type mongol, un peu étroit et oblique ; positivement très distinguées pour des Africaines.

J'avais tout fait préparer pour la redevance obligée, ce qu'on nomme ici le *tchango*, et dans le sud le *hongo*. Nous n'eûmes pas longtemps à attendre. Un chant de guerre nous annonça l'arrivée d'une bande d'El-Moran ; les guerriers posent à terre lances et boucliers et se placent en rond, laissant un passage ouvert ; nos hommes s'avancent portant le hongo, qu'ils

Guerriers de Mondas. — Dessin de Y. Pranichnikoff, d'après une gravure de l'édition anglaise.

jettent tout à coup au milieu du cercle, et détalent à toutes jambes. Poussant un hurlement formidable, les guerriers s'élancent sur le butin. « Chacun pour soi, le diable au dernier », comme dit un proverbe. Cette scène sauvage ne se termine pas toujours sans effusion de sang. Après les guerriers, ce fut le tour des *El-Mouroua* (gens mariés), des *Lybons* (sorciers), des *Lengobé*, *Mburatien* et *Lambarsacout*. Puis il fallut subir l'indiscrète curiosité de la populace, des *Ditto* (jeunes filles), les plus hardies, les plus effrontées de la bande ; me soumettre à leurs écœurantes investigations, me laisser tâter la figure, les cheveux, relever la manche de mon veston, examiner mes bottes. Agacé, à la fin, des tentatives réitérées d'un guerrier de méchante mine qui retournait le bas de mon pantalon pour s'assurer de la couleur de ma peau, je repousse le Massaï du pied. En un clin d'œil ce fut un tumulte indescriptible, et ce fut miracle que la bataille ne s'ensuivit pas immédiatement. Le lendemain, je fus atterré d'apprendre que tout le pays prenait les armes pour s'opposer à notre marche et se venger sur nous de l'échauffourée Fischer. Un soupçon m'envahit, bien près de devenir une certitude, que Mouhinna et Sadi faisaient, en dessous, tout leur possible pour ruiner mes plans.

Non sans un amer chagrin et un désappointement indicible, je dus m'avouer qu'il fallait au plus tôt regagner le Taveta.

On décampa donc de nuit, pour plus de sûreté, et l'on revint tristement en arrière, trébuchant dans l'obscurité, sur les cailloux, et se déchirant aux buissons ; mais personne ne se souciait de s'attarder, encore moins d'attendre la clarté du jour. Il n'y eut heureusement, dans cette retraite hasardeuse, d'autre incident qu'un tête-à-tête désagréable avec un rhinocéros, qui n'en fut pas lui-même le moins surpris.

Le 12 mai, enfin, l'expédition rentrait, sans nouveaux encombres, dans la forêt de Taveta.

Malgré mon cruel désappointement, je croyais en mon étoile. A l'œuvre donc, et sans perdre une minute : il me faut d'autres marchandises ; il me faut plus de porteurs. Mouhinna, qui, j'en suis sûr, m'a trahi, m'accompagnera à la côte, et je m'empresserai de m'en défaire, si je trouve à le remplacer. Laissant ma troupe aux ordres de Martin, je repartis donc le 15 mai pour Mombâz. Cette traite à marches forcées fut des plus pénibles ; la chaleur était étouffante ; le soleil avait desséché les oungouroungas qui se trouvent entre le Maungou et Taro. Nous mettions dans nos bouches des balles ou des cailloux, pour tâcher de diminuer les tortures que nous faisait endurer la soif. Mes pieds étaient en ébullition, par cette chaleur intense, et souffraient du poids de la chaussure et du frottement incessant. Poussés par la soif, on ne marche plus, on court ; on ne s'arrête même pas la nuit ; s'attarder, c'est s'exposer à la mort la plus horrible ; à tout prix il faut atteindre Taro, ce Taro que je n'aurais jamais cru si loin !

Mission de Rabaï. — Gravure empruntée à l'édition anglaise.

A trois heures du matin je trébuche dans une fissure, me cassant presque la jambe ; je boitille en avant, et tombe encore, mais, cette fois, dans un trou plein d'eau, où je bois avec délices, et jusqu'à être sur le point d'éclater. Puis je me jette sur le roc nu, où je m'endors, sans souci de la pluie qui tombe à torrents, ni des bêtes sauvages. Le matin, à mon grand étonnement, je ne me trouvai pas plus mal, et le surlendemain nous gagnons Rabaï, où l'on nous voit arriver avec surprise, après avoir franchi en six jours environ trois cent trente kilomètres.

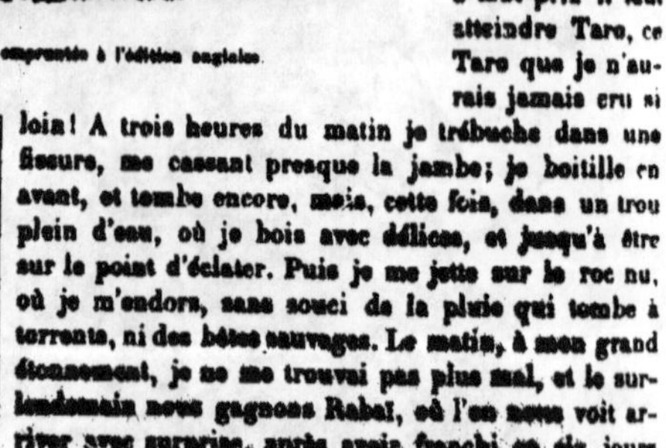

Traduit et condensé par Frédéric Bernard.

(La suite à la prochaine livraison.)

Nouveaux quartiers à Taveta (voy. p. 306). — Dessin de A. de Bar, d'après une gravure de l'édition anglaise.

AU PAYS DES MASSAI

(AFRIQUE CENTRALE),

PAR M. THOMSON [1].

TEXTE ET DESSINS INÉDITS.

V

NOUVEAUX PRÉPARATIFS.

Second départ de Rabaï. — Ce qui s'appelle l'échapper belle. — Nos nouveaux quartiers à Taveta. — Aspect du pays ;
le Dourouma ; le climat ; le Kilimandjaro. — Le lac-cratère de Tchala.

Mon premier soin, en arrivant à Mombâs, fut d'expédier une lettre à Zanzibar par Brahim. Le 5 juin, le remorqueur numéro 11 de la marine britannique mouillait dans le port, avec la réponse à mon message. Surprise extrême, le sultan de Zanzibar m'envoyait ses salâms, un cadeau de trois caisses de poudre, plus une lettre pour Dougoumbi de Taveta, dont voici la traduction :

« De par Sa Hautesse Seyid Bargaah ben Saïd, à Dougoumbi, l'esclave de Sali ben Salem.... Notre ami M. Thomson voyage dans l'intérieur et passera sans doute par ton district : je désire que tu sois prêt à le servir et à le traiter avec un respect parfait. Ne permets à personne de le contrarier, et prends soin qu'aucun mal ne lui arrive, car il est notre ami respecté. Salâms, » etc.

Grâce aux sourdes intrigues de Mouhinna, les difficultés furent encore plus grandes que la première fois pour trouver des porteurs. Enfin, malgré des déboires multiples, je me trouvai pour la seconde fois à Rabaï, passant en revue une caravane encore moins présentable que la précédente : vingt-cinq porteurs de Mombâs, huit de la mission de Frère-Town, dix de celle de Rabaï, sept Oua-Dourouma, sept Oua-Teita, un M'Nyika, plus les huit hommes que j'avais amenés avec moi. En fait de bagages, nous avions vingt et un ballots de sonengé, dix de cotonnade, cinq de verroterie, trois caisses de poudre, deux de marchandises diverses, sans compter nombre d'autres colis.

Je ne demanderai pas au lecteur de me suivre sur la route de N'dara ; à peu de chose près, nous eûmes les mêmes aventures, sauf une alerte causée par le voisinage d'un lion près de Lanjora. Nous étions égarés au milieu d'un fouillis de plantes épineuses, et, malgré la difficulté de ramasser du bois, on réussit tant bien que mal à allumer un petit feu. Le lion rugissait par intervalles; il rôdait évidemment autour du bivouac; le feu était des plus humbles et des plus mal nourris; tant qu'il durerait, toutefois, nous nous savions relativement en sûreté. Les rugissements s'interrompirent; le brasier ne jetait plus que d'intermittentes lueurs; mais, tous, nous nous sentions trop las, trop somnolents, trop indifférents pour nous aventurer en quête d'autre bois, besogne des moins aimables, au milieu de ces ténèbres et de ces solitudes. Pourtant, la situation devenant trop tendue, il fallut se décider à bûcheronner de conserve; Brahim et Songoro cherchaient à tâtons dans la brousse, tandis que, debout près d'eux, le fusil à la main, je tâchais de percer du regard l'obscurité de la nuit. Toby, un petit terrier demi-sang, cadeau de M. Taylor, se collait sur mes talons, en proie à une terreur mortelle. A peine mes camarades avaient-ils glané quelques bûchettes, que nous retournions au foyer, secoués de frissons, comme si nous eussions été saturés d'électricité. Il fut convenu que chacun à son tour ferait sentinelle, tandis que les autres essayeraient de fermer les yeux. Songoro se chargea du premier quart, et l'extrême fatigue nous endormit bientôt.

Mais, en pareille situation, on ne sommeille point comme dans un lit de plume, et bien nous en prit de ne dormir que sur une oreille. Une plainte étrange, prolongée, étranglée par l'épouvante, nous fit soudain sauter sur nos pieds et, poussés par la même impulsion, tourmenter le feu jusqu'à ce qu'une gerbe d'étincelles jaillît dans les airs. Les fusils, qui, même pendant le sommeil, ne quittaient jamais nos mains, furent prêts aussitôt, et, le dos tourné au brasier, retenant notre souffle, le corps penché, la tête en avant, nous nous efforcions de voir dans les ténèbres. Un faible bruissement parmi les buissons nous avertit du départ de quelque visiteur nocturne, le lion, sans nul doute. Le cri qui nous avait réveillés venait évidemment de Toby, car il tremblait de tous ses membres et poussait encore un gémissement bizarre, tout pénétré de terreur. Il nous avait ainsi arrachés à une mort horrible, car Songoro, accablé de lassitude, était tombé de sommeil, laissant tomber le feu. Brahim se chargea de veiller, et, par bonheur, rien ne troubla notre repos jusqu'à l'aube.

Quelques heures après, nous rentrions pour la troisième fois dans les profondeurs ombreuses de la forêt. Je fus aussitôt entouré de nos porteurs et de traitants souahéli, qui couraient comme des fous; de tous côtés on me criait que tout allait bien. Martin s'avança à ma rencontre, pâle et maigre et trop ému pour faire autre chose que me donner une chaude étreinte; puis il me conduisit à nos quartiers. Etonné, admirant, je m'arrêtai au centre d'un joli hameau rustique qui remplaçait notre ancien campement dans la jongle touffue, entre une gracieuse *baraza* (la case à palabres des Arabes) et, vis-à-vis, une demeure construite avec soin. Le drapeau britannique flottait fièrement au sommet d'un mât de pavillon; à peine en pouvais-je croire mes yeux: cette transformation magique était l'œuvre de mon lieutenant. J'entrai dans ma charmante et confortable paillote, et, tout en me rafraîchissant au dedans et au dehors, j'écoutai avec un profond intérêt l'histoire des soucis et traverses de Martin.

Mais jetons auparavant un regard d'ensemble sur les contrées déjà parcourues. Sur tout le littoral du sud de l'Afrique orientale on voit la bande étroite de basses terres côtières se relever brusquement à l'ouest en une majestueuse chaîne de montagnes ou, pour mieux dire, un escarpement de plateau. De Mombâz au Taveta tout autre est la physionomie de la contrée. Point de terres basses et marécageuses: c'est, au contraire, une région aride, où le manque d'eau se fait plutôt sentir, même pendant la saison des pluies. Nulle rampe de plateau à escalader, nulle chaîne de montagnes à franchir: une pente si peu accusée que l'œil ne la saurait percevoir nous a menés, par un terrain presque toujours uni ou à peine ondulé, jusqu'aux sept cents mètres d'altitude du Taveta. A Rabal, il est vrai, on s'élève brusquement de quelque deux cents mètres; mais ces collines se réduisent à une sorte d'intumescence locale, sans la moindre analogie avec les montagnes qui, ailleurs, prennent soudain la place du bas pays. Sauf une nouvelle ligne de hauteurs peu importantes, au delà du Dourouma, on s'élève par une pente très douce et continue jusqu'aux Oungouroungas, et le Zioua Ariangoulo ou Taro n'est qu'à six cents mètres d'altitude. Puis on quitte le grès et la surface presque plane qui représente géologiquement les basses terres de la côte méridionale; on pénètre sur le terrain métamorphique que révèle à l'œil la teinte rouge du sol stérile et brûlé. On est alors à six cent trente mètres, et, pendant les cent trente-cinq kilomètres qu'il reste à parcourir encore avant d'atteindre le Taveta, la pente est si peu accusée qu'il faut recourir aux instruments pour constater un gain de moins de cent mètres. Ce n'est cependant point le désert nu et plat; les montagnes du Teita qui s'élèvent au-dessus de la plaine en massifs isolés en rompent heureusement la ligne; les pics du Boura dépassent deux mille deux cents mètres; le Kisigau ou Kadiaro atteint seize cent quarante, le N'dara plus de deux mille vingt-cinq. De Rabal au Taveta, sur une distance de deux cent vingt kilomètres à vol d'oiseau, on ne rencontre que deux ou trois cours d'eau: le Mataté, qui, dans la saison sèche, n'a guère plus de trois mètres de large sur un mètre vingt de profondeur; il sort des flancs du Boura et coule vers le sud, sans qu'on sache exactement ce qu'il devient. Un second torrent, un peu plus considérable, le Vol, prend sa source non loin des eaux supérieures du Mataté, et, se dirigeant à l'est, effleure la pointe septentrionale du N'dara; pendant la saison des pluies, seulement, il se jette à la mer, un peu au nord de Takaungou. Un autre ruisseau, venant du Gnamboua, s'achemine vers l'ouest, où il est bientôt bu par les sables arides. Cette rareté de l'eau est la grande épreuve du voyage, mais elle contribue d'autre part à éloigner les fièvres et les autres maladies si fatales aux expéditions africaines. Enfin, pour compléter le portrait de ces contrées, il faut ajouter qu'il existe une ligne de démarcation très tranchée entre les régions de la côte et celles sur lesquelles tombent les pluies de l'intérieur.

Et maintenant passons à « l'Olympe » de l'Est africain. Dès l'abord je confesse que je ne saurais, en aucune façon, essayer de décrire cette montagne colossale. Pour moi, comme pour le guerrier massaï, frappé de stupeur devant ce spectacle sublime, c'est la « Maison de Dieu », Ngajé Ngai.

Le nom de Kilima-Ndjaro signifie, dit-on généralement, « Montagne de la Grandeur »; cette étymologie en vaut une autre; toutefois il me semble probable que ce serait plutôt « Montagne Blanche », le terme Ndjaro ayant été jadis employé pour indiquer la blancheur, acception tombée en désuétude sur la côte, mais que l'on retrouve encore chez quelques tribus de l'intérieur. Les Oua-Tchagga désignent séparément les deux pics qui composent la montagne : le Kibo et le Kimaouenzi. Les Massaï l'appellent *Donyo Ebor*, « Montagne Blanche », à cause des neiges éternelles qui couronnent le dôme ou cratère du Kibo.

Le Kilimandjaro, dans son expansion verticale et horizontale, est une énorme masse irrégulière et pyriforme, dont le grand diamètre court du nord-ouest au sud-est, entrant par sa pointe la plus aiguë jusqu'au

Vue du Kilimandjaro, près du lac Tchala. — Gravure empruntée à l'édition anglaise.

cœur du pays des Massaï. Dans ce sens elle mesure cent kilomètres; le petit axe, à angle droit avec le premier, n'en a qu'une cinquantaine. Vers le nord-ouest, la montagne se rétrécit peu à peu en un long éperon qui s'effile en hauteur et en largeur pour finir par se confondre avec la plaine massaï. Elle atteint environ cinq mille huit cents mètres au point culminant du Kibo. Du côté du midi s'étend la vaste plate-forme du Tchagga, formée sur une longueur de quinze à seize kilomètres de pentes arrondies, entaillées de combes profondes et qui s'élèvent graduellement de douze à dix-huit cents mètres. Au large du vaste épaulement occidental on voit le pur contour du volcan se dessiner dans toute sa grandeur de la base au sommet; le contrefort lui-même montre une succession de gorges sombres, de roches noires, sculptées par l'érosion incessante du Kikavo, du Ouéri-Ouéri, du Karanga. Le Kibo se présente ici sous son aspect le plus imposant : il se dresse si rapidement au-dessus du rempart du Shira, qu'à peine les neiges peuvent s'accrocher sur sa pente occidentale.

Mais c'est au nord que le Kilimandjaro se montre dans sa colossale majesté. Du grand marécage sableux et saumâtre du Ndjiri on embrasse d'un coup d'œil le massif tout entier. Il surgit de l'arène presque plane qui a déjà une altitude d'environ mille mètres, et s'élève au-dessus d'elle avec une inclinaison d'une régularité parfaite, dont le profil n'est interrompu par aucun ressaut à la hauteur de plus de quatre mille sept cents mètres. Nul cône, nulle pointe n'en accidente la surface; ni gorge ni vallée n'en entaille les flancs. A gauche seulement, le grand pic du Kimaouenzi montre, près du sommet, une ou deux échancrures formant une dépression circulaire d'où s'élève une pyramide arrondie aux proportions parfaites. De ce côté se montre dans toute sa gloire le casque de neige sous lequel se dérobe la tête massive du Kibo.

Un trait physique des plus remarquables se dégage de l'étude du massif : aucun cours d'eau ne naît sur ses flancs, sauf au Tchagga, sur le versant méridional, où l'on en compte une vingtaine, dont quelques-uns d'un volume considérable; ils se réunissent plus bas, dans la plaine, pour former le fleuve Pangani. Le Loumi et le Tzavo sourdent, il est vrai, à l'est de la montagne, mais à la base seulement, et déjà tout formés. A l'ouest, un tout petit ruisseau, le Ngaré N'Erobi, surgit de même au pied de la montagne. Au nord on n'en trouve pas un; mais en différents points du désert du Ndjiri on rencontre des sources qui forment de petits étangs ou alimentent les lagunes du district.

Le Tchagga est la seule partie habitée de l'immense pourtour du Kilimandjaro; sa plateforme offre à l'agriculture un sol extrêmement fertile, et ses nombreux cours d'eau se prêtent à l'irrigation. Les Oua-Tchagga du Rombo, de l'Ouseri, du Kimangelia, s'en partagent l'étendue. Tous ces peuples vivent en guerre perpétuelle. Mandara, le plus fameux des chefs de la contrée, aspire à les dominer tous.

L'origine volcanique du Kilimandjaro est attestée par la multitude de cônes qui occupent tout le versant méridional. Le plus intéressant de ces témoins est l'admirable lac-cratère de Tchala, à peu de distance de la base orientale du Kimaouenzi et à quelques kilomètres seulement au nord du Taveta. Il a la forme d'un polygone irrégulier de trois kilomètres et demi de diamètre et d'un peu moins de onze en circonférence. Il occupe le centre d'une petite colline à crête fort accidentée, et les berges du lac sont absolument verticales. Mes yeux ne se sont jamais arrêtés sur un spectacle plus charmant que sur ce petit lac qui dort à d' vertigineuses profondeurs dans les entrailles de la colline. Des masses de verdure, jetées artistement sur les falaises âpres et nues, se suspendent en festons, abritant de nombreux oiseaux qui égayent les échos de leurs chansons, ou se lancent comme des flèches sur les

eaux noires. Au delà se dresse le pic basaltique du Kimaouenzi, dont les flancs sont creusés de profondes cicatrices, rayonnant du sommet, tandis que plus bas, sur le versant méridional, de nombreux petits cônes nous remettent en mémoire les dernières manifestations de l'activité volcanique.

Tels sont les principaux traits de la puissante montagne : la grandeur du sujet m'oppresse et je le quitte sans regret, sachant mieux que personne combien je suis resté au-dessous de ma tâche.

VI

EN MARCHE DE NOUVEAU!

Une alliance imprévue. — Adieux à Taveta. — Aventure avec un rhinocéros. — Terriblement émotionnant. — Moment critique. — En route! — Nouveau danger. — Panique. — La prairie en flammes. — Une chasse difficile. — Un vieux solitaire.

Revenons à Martin et à ses travaux pendant mon absence. Son premier soin avait été de réorganiser le campement. Mandara lui envoya messagers sur messagers et présents sur présents, si bien que Martin ne put se dispenser de l'aller voir, comme il l'y invitait. Il fut reçu dans le Moschi avec une somptueuse hospitalité, et Mandara daigna lui faire des confidences, qui cadraient, du reste, fort bien avec mes pires soupçons au sujet de Mouhinna. Ce misérable avait inventé la nouvelle qu'un parti de Massaï se trouvait sur notre route, pour nous jeter entre les mains de Mandara, dont il excitait la cupidité et qu'il engageait à piller la caravane. Mandara prêta d'abord l'oreille à ces ouvertures, mais de meilleurs conseils prévalurent. A Ngaré N'Erobi, Sadi et Mouhinna, secrètement ligués contre moi, avaient réussi à me faire dépenser en énormes « hongos » presque toute ma pacotille; ils excitaient sans relâche les défiances des Massaï et, comme on l'a vu, furent sur le point de culbuter entièrement mes espérances.

Mais la chance commençait à tourner en ma faveur. Une grande caravane de Pangani, conduite par un fameux *mganga* (magicien) de la côte, Jumba Kimeta, était arrivée depuis quelques jours au Taveta, où le chef cherchait des recrues avant de se mettre en route pour le pays des Massaï. Je ne perdis point une minute et m'abouchai avec Jumba, un individu tout

Lac Tchala. — Gravure empruntée à l'édition anglaise.

Plaine du Kilimandjaro (voy. p. 307, 308 et 315). — Dessin de A. de Bar, d'après une gravure de l'édition anglaise

petit, tout gravé de petite vérole, borgne par-dessus le marché; mais son œil unique y voyait à merveille. Nous nous entendîmes sur tous les points, et, déjouant une nouvelle tentative de Mouhinna qui cherchait encore à faire échouer mes projets, il fut convenu que je me joindrais, avec mes hommes, à la caravane des traitants. La route que l'on décida de suivre conduisait par le Kimangelia, le Ndjiri et le Donyo (Mont Erok à Ngongo et au lac Naïvacha. Enfin, après avoir passé la revue de ma troupe, je constatai qu'il ne me restait plus que cent quarante hommes, quarante-quatre charges de fil de fer, de cuivre et de laiton, vingt-deux de perles, onze d'autres marchandises, huit de cotonnade, huit de munitions et vingt ballots d'objets divers. C'est à peu près la proportion requise pour le nombre d'hommes que j'emmenais.

Le soir du 16 juillet, les caravanes célébrèrent les dernières heures de leur séjour au pays de cocagne de Taveta par une *ngomma*, danse autour de deux bannières. Le lendemain, après nous être dirigés vers le nord, nous campions sur les rives du Loumi, près de la base du cratère de Tchala. Notre route est orientée presque vers le nord vrai, sur une vaste savane qui descend par une pente très douce de la base du Rombo, vers lequel nous nous dirigeons. En approchant du lieu marqué pour notre bivouac, nous arrivons soudain sur deux cents indigènes du Rombo qui remontaient de la plaine, chargés d'herbes très artistement bottelées, qu'ils avaient coupées pour la nourriture de leurs bestiaux. Notre vue les épouvanta; sans nos signes et nos paroles d'amitié, ils eussent jeté leurs fardeaux pour se sauver à toutes jambes. Ils ne portaient d'autre vêtement qu'une bande de cuir large de cinq centimètres et très serrée autour de leur corps. A midi, après une marche très dure, on campe de nouveau à un coude du Loumi. Ici ma patience devait être mise à une rude épreuve; les trafiquants décidèrent d'y faire une halte de quelques jours pour acheter des vivres avant d'entrer chez les Massaï et attendre l'arrivée de deux marchands de Mombâs qu'on disait avoir déjà dépassé le Teïta. Au matin, je sortis dans l'espoir de mettre à mal quelqu'un des rhinocéros qui abondent dans la région. Bientôt mon attention fut attirée par les cris émus et à demi étouffés de Brahim : « Kifarou! Kifarou! » Je me retourne en toute hâte, ma carabine déjà prête, et, dans la direction indiquée, je vois en effet la forme monstrueuse d'un rhinocéros qui s'avance à loisir, au milieu des hautes herbes. Après un rapide regard circulaire où je me rends compte des accidents du terrain et de la direction du vent, nous nous lançons tous les deux, le corps penché, le cœur palpitant, pour arrêter la bête au passage. Bientôt nous ne sommes plus qu'à cinquante mètres du colosse; il approchait toujours, le mufle presque à toucher terre, et, certainement, ne nous avait pas encore aperçus. Mais, il faut l'avouer, je commençais moi-même à éprouver certaines sensations peu plaisantes et à me demander qui du gibier ou du chasseur était en plus mauvaise passe. Le chasseur! répondais-je, et je me préparais à faire feu, afin d'avoir au moins le temps de prendre la fuite. Brahim, par bonheur, ne lisait point mes pensées; et comme il avait une foi inébranlable dans mes talents de tireur, il me supplia d'attendre : l'animal était encore trop loin! Secoué par un tremblement nerveux, en dépit de mes humiliation d'être surpassé en sang-froid par un de mes engagés, je m'arrête, avec une anxiété indicible : mon cœur bat à se rompre; je sens des picotements dans les doigts; de grosses gouttes de sueur ruissellent sur mon visage, toute mon énergie s'est évaporée dans les airs; stupidement, je compte les pas du monstre. Si un œil flamboyant peut fasciner un animal, certes ce rhinocéros l'eût été par le mien! Dix mètres tout au plus. Il me voyait maintenant, et son regard exprimait une férocité brutale. Cette fois je perdais toute confiance en moi-même; le rhinocéros semblait jouir de mon effroi et le prolonger sans merci. Je n'y pouvais plus tenir! Assurant sur mon genou ma bonne petite carabine, je tire. Un bruit sourd me répond que la balle a touché. Je rassemble mes esprits : la pesante créature tournoie sur elle-même, étourdie sans doute par la détonation; presque aussitôt elle se remet et s'éloigne d'un pas tranquille et majestueux. En voyant la queue de mon adversaire se dandiner à la brise, je redeviens aussi crâne que j'avais été poltron, et, mes nerfs merveilleusement calmés, je dépêche à l'ennemi deux balles de mon « express ». Je crie à Brahim de me suivre, et nous voilà détalant follement après la bête, que je ne quittais plus des yeux. Patatras! je suis au fond d'un trou, le nez en compote, une jambe toute meurtrie. Je m'extrais de la fondrière avec une imprécation bien sentie, pour tomber une seconde, puis une troisième fois; mais le rhinocéros montre bientôt des signes de lassitude, je parviens à le dépasser, et dans mon exaltation présente, ayant oublié toute prudence, je vire de bord en plein et lui adresse un quatrième projectile. Irrité tout de bon, l'animal court sur moi à pas de charge; j'étais précisément en droite ligne devant lui. L'idée que cette fois, je vais être tué me traverse l'esprit comme la foudre; je saute en arrière et me retrouve les quatre fers en l'air, et, quoiqu'il fît grand jour, je vois briller dans le ciel des millions d'étoiles inconnues. Le rhinocéros avançait toujours. Oubliant de me dégager du buisson qui m'avait ainsi fait perdre l'équilibre, je songeai qu'il était grand temps de dire adieu à la vie et de pardonner à mes ennemis : le sol tremble, j'entends un bruit de brousse brisée; un corps noirâtre passe à me toucher et je me relève sans blessure, mais ne respirant plus, tout heureux de revoir une queue houppée s'agiter à l'arrière de mon adversaire; il avait dédaigné de frapper un ennemi par terre. Bientôt il tombe à son tour, et moi de prendre alors une attitude héroïque, et, le pied sur ma proie, de donner à ma physionomie une expression digne d'un homme habitué à ces triomphes. Au reste, faut-il le dire, j'étais en ce moment dans les meilleurs termes avec moi-même : je venais de tirer la grosse bête pour la première fois. Brahim s'attardait sur le champ de bataille à découper les parties les plus succulentes de la victime, et je rentrai en flânant comme si je n'eusse fait rien que de très ordinaire, quoique je fusse tout oreilles pour entendre le récit de mes prouesses, qui, très exagéré, courait déjà le camp.

Enhardi par ce premier et brillant succès, je repartis sur le soir pour essayer derechef la force de mon bras. Ce fut une journée de chasse miraculeuse : une antilope, deux rhinocéros, un zèbre allaient fournir une chère abondante à toute la caravane. Je me fis un devoir de goûter à mes victimes : la soupe de rhinocéros est excellente, le bouilli pas bon du tout, le rôti de zèbre un peu meilleur.

Les Oua-Tchagga descendaient en grand nombre, comme des gens inquiets, prêts à se sauver à la première alerte ; les femmes ont autour des reins de petits morceaux de cuir très joliment brodés de perles du plus petit modèle : en fait d'ornement, elles ont au cou des cordons de verroterie et des chaînettes de métal ; aux jambes et aux bras, des anneaux de fil de laiton et de fer ; peu de bracelets et de chevillères de perles. Ils tannent et préparent le cuir de chèvre mieux que partout ailleurs, le rendant aussi souple que de la peau de chamois ; par endroits ils y laissent adhérer les poils, de manière à former des dessins variés.

Je passai les deux jours suivants à prendre des observations et à surveiller nos achats de vivres ; mais l'inaction me devenait insupportable, et je ne tardai pas à repartir en quête d'aventures. Martin, enflammé par mes succès et désireux de partager ma renommée, réclama le privilège de m'accompagner. En quittant le bivouac, nous apercevons au loin un rhinocéros, et, en contournant une colline pour le rejoindre, nous en découvrons deux autres, endormis dans la savane et beaucoup plus près. Je m'avance à pas de loup, armé de mon fusil huit Bore ; Martin me suit avec la carabine. Nous nous coulons entre les hautes graminées ; mon Maltais travaille de son mieux à rester en arrière ; d'après l'expression de son visage, il doit avoir l'estomac aux talons. Mais je suis trop généreux pour me

réserver tous les honneurs de la journée : je veux qu'il prenne sa part de cette périlleuse gloire et lui donne par suite l'ordre de se presser. Lentement, prudemment, je me glisse vers notre proie toujours endormie, retenant mon haleine, envahi par une émotion sans cesse grandissante et tous mes sens en éveil ; l'herbe même me semblait faire trop de bruit, tandis que je l'écartais à droite et à gauche. Nous sommes à soixante, à cinquante mètres, Martin essayant de lambiner encore, et moi de moins en moins désireux de me trouver seul face à face avec les ennemis. A quarante mètres les rhinocéros sommeillent paisiblement ; le soleil descend sur l'horizon. Les ombres s'allongent de plus en plus. Sommes-nous assez près ? Un craquement m'arrête : Martin, le maladroit ! vient de casser une branche sèche ; les dormeurs se réveillent ; ils se redressent sur leurs pieds, tout attention. Nous y voilà, pensai-je, et je m'aplatis dans les herbes. Tournant la tête, je vois Martin se relever, dans l'intention évidente de prendre la poudre d'escampette ; je lui fais des yeux terribles, le menace du poing pour qu'il ait à se recoucher. Mais il était trop tard ; ils l'avaient aperçu, et, avec un ronflement sonore, comme la locomotive qui vomit sa fumée, ils se campent dans une attitude de défi, essayant de flairer nos émanations, car ces animaux paraissent ne jamais se décider à rien sans l'aide de leurs organes olfactifs. Mais le vent est en notre faveur ; pourtant ils se dirigent de notre côté, trottent pesamment quelques secondes, puis s'arrêtent. Que faire ? Leurs mufles orientés droit sur nous ne me laissent viser aucune partie vulnérable, et tirer au hasard, ce serait peut-être sacrifier notre vie. Je m'abandonne alors à de très sages réflexions sur la folie de me jeter ainsi tête baissée dans le guêpier ; je me sens prêt à jurer solennellement de ne plus m'y laisser prendre si je puis en sortir les braies nettes. Il me semblait être cloué sur place, quoique conservant encore assez de présence d'esprit pour calculer toutes nos chances. Un de ces colosses était maintenant à moins de dix mètres et trahissait une vive curiosité à mon endroit. A quoi bon serrer de plus près l'ennemi ? Il faut vaincre ou mourir ! Tirons ! Tout d'un coup une carabine part derrière moi ; une balle siffle à toucher

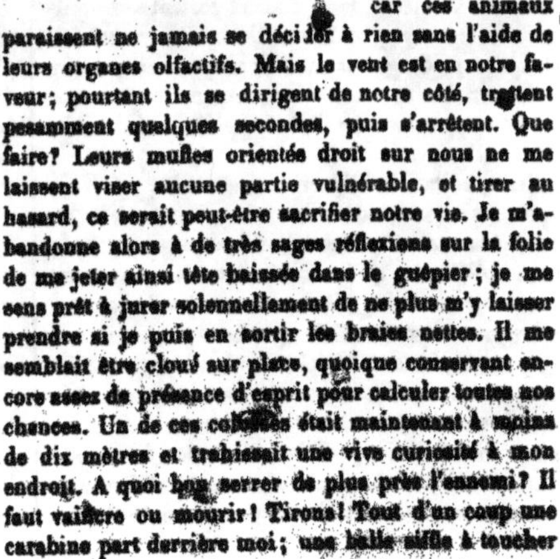

Hommes et femmes andorobbo (voy. p. 312). — Gravure empruntée à l'édition anglaise.

mon oreille. Et presque simultanément, et sans effort volontaire de ma part, les deux canons de mon fusil se vident, et je me trouve ignominieusement renversé sur le dos, non par ma victime projetée, heureusement, mais par le recul de mon arme. Recouvrant mes esprits, je me relève, m'attendant à battre bientôt un entrechat dans les airs. Poum ! un autre coup de feu ! Mes yeux se reportent sur les rhinocéros, et j'ai la douleur, fort mélangée de satisfaction à vrai dire, de voir les deux colosses s'éloigner, la queue vaillamment dressée, indemnes de toute blessure. Je me retourne alors, jette mon chapeau sur la terre et gesticule frénétiquement, accablant d'anathèmes l'infortuné Martin, qui, pâle comme un cadavre, tremble de tout son corps.

Ces incidents me remettaient quelque peu de l'ennui profond causé par un si long séjour dans le même campement. Nos traitants ne se pressaient guère de rassembler les provisions. Le mois de Ramadan avait commencé, et, en dévots sectateurs de l'Islam, ils consacraient le jour au jeûne, pour festoyer la nuit avec la plus sincère ferveur. Les victuailles abondaient : des grains de toutes sortes, des bananes délicieuses, des ignames ; la rivière fournissait des poissons exquis ; chèvres et moutons gras, lait, beurre, arrivaient quotidiennement du Rombo. Les habitants de ce district portent aux oreilles, au cou et au poignet des anneaux d'un métal fort lourd, qu'au poids et à la couleur on pourrait prendre pour de l'or. Un examen subséquent me montra que c'est tout simplement un bronze natif d'une densité exceptionnelle.

Malimia, sultan de l'Ouseri et du Rombo, m'envoya quelques messagers andorobbo pour m'inviter à l'aller voir. Ces hommes m'intéressèrent beaucoup ; l'attitude calme et indifférente qu'ils conservèrent en traversant le camp contrastait singulièrement avec les démonstrations bruyantes des Oua-Tchagga. Leur principale occupation est la chasse à l'éléphant ; plus braves et plus fidèles que les Oua-Tchagga, ils jouissent du privilège de servir d'ambassadeurs au sultan.

Le soir du 25, enfin, j'eus la satisfaction d'entendre le premier serviteur de Jumba Kimameta réclamer le silence et prévenir la caravane de se tenir prête à partir dans deux jours. Le matin du 27, par conséquent, je reprenais mon voyage. La contrée avait encore le même caractère : de plantureux pâturages, sans arbres, au milieu desquels broutaient de grandes hardes d'hartebeest. Cette marche fut accidentée par la rencontre d'un rhinocéros ; il sommeillait dans les herbes et ne s'était aperçu de notre présence qu'après le défilé de la majeure partie de la troupe. Réveillé en sursaut, il se préparait à nous charger, et nos gens commençaient à lâcher pied en poussant des hurlements. Au milieu de cette débandade, je reste avec ma carabine vide, et j'aperçois Songoro qui détale avec mes cartouches ; je le rappelle, et le brave garçon revient sur ses pas m'en apporter une. Je la saisis avec une hâte fiévreuse et fais volte-face vers le rhinocéros, maintenant si près qu'il me touchait presque. Mes doigts tâtonnent nerveusement autour de la platine ; un siècle s'écoule avant que la cartouche soit placée, la carabine épaulée.

Le rhinocéros est à cinq mètres seulement ; l'imminence du péril me rend tout mon sang-froid, m'enlève tout tremblement ; je remarque même que les cris des hommes ont cessé ; ils restent immobiles, attendant de me voir ballotté dans les airs.... Il s'en faut de l'épaisseur d'un cheveu ; mais j'ai fait un saut de côté ; l'ennemi passe tout contre moi ; je lui décharge dans l'épaule le contenu de ma carabine. Le colosse abandonne la partie ; le trot se change peu à peu en pas ; le pas devient plus en plus lent, et, harcelé par la caravane entière, devenu subitement brave, la bête finit par succomber. Je n'ai jamais vu de si belles cornes : celle de devant est longue de soixante-sept centimètres et présente une courbe admirable. A midi nous arrivions aux bouquets d'arbres énormes qui abritent les sources de l'Ouseri, où mes compagnons de route avaient décidé de faire une nouvelle halte interminable pour attendre la fin du Ramadan.

Notre séjour fut marqué par un incident qui, dans tout autre lieu, aurait eu les suites les plus désastreuses. Les grandes herbes, déjà rôties par le soleil, furent incendiées à quelque distance au sud de notre camp, sans doute par les Oua-Seri. Le vent soufflait du midi avec une violence inaccoutumée ; les flammes arrivaient vers nous avec une vitesse terrifiante et un

Source de l'Ouseri. — Gravure empruntée à l'édition anglaise.

Rencontre d'un rhinocéros. — Dessin de Y. Pranishnikoff, d'après une gravure de l'édition anglaise.

ronflement épouvantable. Avant même que nous nous fussions rendu compte du péril, le camp, du côté du terrain découvert, était complètement entouré ; le ciel tout entier s'embrasait de lueurs livides. Les singes hurlaient, les oiseaux criaient, affolés de frayeur. Nos hommes, par centaines, couraient çà et là, dans une exaltation frénétique, arrachant des branches d'arbre, chargées de ramée, et se précipitant, pour écarter les flammes, au milieu même de l'élément destructeur : on eût dit l'incarnation des esprits infernaux. D'autres, se rappelant les ânes qui pâturaient au dehors, s'élançaient à la rescousse de leurs montures ; mais celles-ci, déjà frappées de panique, s'enfuyaient pêle-mêle au travers du bivouac, leurs longues oreilles redressées et se heurtant aux hommes et aux choses qui se trouvaient sur leur chemin. En quelques secondes la terrible conflagration passe tout près de nous. La caravane est sauvée !

Le 6 août, enfin, on se remettait en marche ; l'étape ne fut pas longue ; nous marchions vers le nord-ouest, sur un terrain mieux boisé, fort accidenté et montant considérablement ; puis nous fîmes halte près de superbes bouquets d'arbres. Ce lambeau de forêt abrite les sources du Kimangelia, qui va rejoindre l'Ouseri, à l'est, et former le fleuve Tzavo.

Tandis qu'on dressait le campement, des cris extraordinaires me firent soudain sauter sur mes pieds et saisir d'instinct ma fidèle carabine.

Les cornes du vieux solitaire. — Gravure empruntée à l'édition anglaise.

Nos gens s'enfuyaient éperdus, qui escaladant les arbres, qui se cachant sous la brousse, sous les buissons, n'importe où. Presque paralysé moi-même par ce danger inconnu, je ne savais où courir. Un des hommes me crie : Bouana, bouana, mboga! (Maître, maître, un buffle !) — Un buffle, et où ? Je me glisse prestement derrière un arbre, car il n'y a pas, en Afrique, d'animal plus redoutable, ou du moins plus redouté. Je regarde avec précaution dans la direction indiquée. Un long hurlement d'épouvante vient retentir au plus profond de mon être : un homme est lancé dans les airs comme une fusée par un vieux taureau qui brise les halliers dans sa course furibonde ; l'homme retombe, les branches crépitent et cassent sous sa chute, et le buffle allait fondre de nouveau sur lui, quand une décharge de mousqueterie le fait fuir du côté du camp.

Le tumulte est à son comble ; les ânes affolés galopent au hasard, brayant de tous leurs poumons ; un bourriquet chargé de senengé passe devant le buffle, qui fonce sur la pauvre bête : une seconde après, l'âne, fardeau et tout, était empalé sur ses cornes et tournoyait dans les airs comme un rat peloté par un ter-

rier. Il retombe par terre ; le buffle se précipite de nouveau sur l'infortuné, qui se tordait en convulsions, ses entrailles traînant sur le sol ; il lui broie le crâne d'un coup de tête qui termine ses souffrances.

Le taureau s'enfonce alors dans un épais fourré, que nous cernons aussitôt, donnant de la voix comme une meute de chiens. Mais chacun se tient sur ses gardes, car on connaît là-bas les ruses étonnantes de ces bêtes vindicatives. Les fusils de nos chasseurs augmentent encore le danger ; ils tirent sans cesse et sans but vers l'intérieur de la brousse ; l'animal ainsi harcelé se présentait furieux aux ouvertures du hallier et s'y réfugiait de nouveau après avoir vu ses tourmenteurs prendre la fuite, épouvantés.

Il fallait en finir pourtant, et je me portai près de l'endroit d'où, le plus probablement, il s'élancerait pour une charge définitive : mon attente ne fut pas longue : un beuglement, un bruit de broussailles écrasées, puis le colosse arrive vers nous comme la foudre ; à moins de dix mètres, je le salue de ma carabine : le coup a porté, le buffle chancelle, mais il ne tombe pas et retourne dans sa forteresse, non sans y emporter une seconde balle.

A peu près sûrs maintenant que l'affaire est bâclée et que la mort n'est plus qu'une question de temps, nous devisions à loisir, quand un cri effroyable vint nous arracher à notre satisfaction. Un de mes engagés se débattait sur le sol, et le taureau donnait sur lui tête baissée. Makatoubou, qui était le plus rapproché, eut la bravoure extrême de s'élancer au-devant de la bête et de lui dépêcher une balle, qui la décida à rentrer sous le couvert. Laissant Brahim et Makatoubou, hardis jusqu'à la témérité, poursuivre la bête sous le fourré, je regagnai le camp pour m'occuper des blessés. Tandis que l'on procédait au pansement, on entendit plusieurs coups de feu, et l'on vit, bientôt après, Makatoubou et Brahim s'avancer triomphalement portant la tête du taureau trépassé à la fin des fins. C'était évidemment un vieux solitaire, expulsé du troupeau, et devenu misanthrope en conséquence. Les cornes massives et rabattues disaient son grand âge ; sans doute aussi il devait être presque sourd, car il resta couché dans la brousse, au centre même du bivouac, avant que son réveil en sursaut excitât la panique que je viens de raconter.

Il fallait maintenant se débarrasser des malades et les expédier à Taveta, c'est-à-dire attendre bon gré mal gré à Kimangelia le retour du peloton d'ambulance. Le pays, qui est à une altitude de douze cent vingt mètres, est plus boisé et a plus de relief que t ceux que nous eussions traversé, encore; un vrai brouillard d'Écosse nous enveloppait; il bruinait presque toujours; les hommes de la côte, très sommairement vêtus, se pressaient autour des feux en grelottaient piteusement. Pendant ces quatre jours le thermomètre dépassa à peine dix-huit degrés, descendant à dix degrés avant l'aube.

Nous étions maintenant sur les confins du territoire des Massaï, Kimangelia formant au nord la limite de la partie peuplée du Kilimandjaro.

VII

DE KIMANGELIA À KIKOUYOU

La plaine de Ndjiri. — Le Donyo Erok. — Visiteurs massaï. — Requête flatteuse mais embarrassante. — Les bonnes manières dans la société massaï. — Duel de rhinocéros. — Le désert du Dogilloni. — Le plateau de Kapté. — Le Kikouyou et ses habitants.

Le 10 août nos ambulanciers revinrent de Taveta, et le 11 nous nous mettions en route, pour la quatrième fois, vers le pays de mes désirs, à travers des landes très buissonneuses. Puis, au bout de deux heures, après avoir traversé un terrain herbeux, doucement ondulé, borné à l'est par de nombreuses collines, nous arrivions sur les pâturages massaï, dans le district

Femme massaï de Ndjiri. — Gravure empruntée à l'édition anglaise.

redouté du Lyto-Ki-Tok. La caravane chemine avec des précautions infinies; à chaque pas des bandes de guerriers peuvent tomber sur nous. Après deux ou trois alertes causées par des rhinocéros surpris dans leur sommeil, nous traversons un petit cours d'eau près d'un vieux kraal. Un peu plus loin on campe près d'un autre ruisseau, le Kamanga ou Nguré Rougei (rivière étroite). Le gibier abonde; le soir je réussis à tuer deux buffles, ne m'aventurant toutefois qu'avec les plus grandes précautions.

Le Kamanga coule vers l'est et contourne de loin les monts du Kyoulou, pour rejoindre le Tavo; notre bivouac est à quatorze cents mètres au-dessus du niveau de la mer. Nous avons atteint le point culminant du contrefort qui part de la base du Kilimandjaro et va mourir au nord du bassin du Tavo; il s'étend au nord-est avec ses mornes coniques, ses savanes, ses traînées de forêt, jusqu'à la belle chaîne du Kyoulou dans l'Ou-Kambani. Le vent glacé qui vient de la montagne fait descendre le thermomètre à dix degrés centigrades.

À l'étape suivante en gagne, en cinq heures de descente, le terrain plat qui s'étend à perte de vue dans la direction du nord-est. Nous passons brusquement de la lisière de la forêt qui couvre les bases de l'éperon, aux rives d'un petit étang.

Ici nous entrons de nouveau en rapport avec les Massaï, et je ne saurais dire toute mon admiration pour le sang-froid avec lequel trois ou quatre de leurs anciens font leur entrée dans nos quartiers.

Les jours suivants, notre route nous conduisit à travers la vaste plaine du Ndjiri, qui est, de toute évidence, le lit d'un ancien lac; elle est située à une altitude de mille mètres, et s'étend du Kilimandjaro, au sud, jusqu'au Matoumbato, au nord; des monts Kyoulou, à l'est, jusqu'aux collines du Guaso N'Ebor (rivière blanche), à l'ouest. Au milieu de cette plaine, pas un arbuste, pas une graminée ne vient reposer vos yeux de la vue monotone du sable humide et boueux, imprégné de sels et réfractaire à toute végétation. Çà et là, dans l'enceinte de ce vaste horizon, quelques nappes miroitantes s'entourent d'une étroite bordure d'herbe, ou donnent la vie à une poignée d'arbres malingres et d'arbustes épineux. D'autres taches vertes indiquent des marais formés par des sources qui surgissent du sol, chargées de matières salines qu'elles laissent déposer par évaporation. De vastes espaces se recouvrent d'une croûte de natron et de salpêtre d'un blanc éclatant. On croirait voir de loin des tapis de neige fin, éisants, des lacs d'eau cristalline; sous les rayons du soleil, ils étincellent comme de l'argent bruni; une brume spectrale traîne sur cette terre les longs plis de son voile; le mirage y projette son fantasmagorie. Le gibier pullule sur cette terre, pourtant si aride et si désolée. Pendant la traversée du Ndjiri nos hommes épuisaient considérablement leurs vivres, et sans un heureux hasard il aurait fallu se serrer le ventre. Mais, en deux jours, je tuai trois zèbres, trois rhinocéros, quatre gazelles ou antilopes, dont chacun et plusieurs pintades.

Le 17 août nous campons près d'un étang saumâtre où jaillissent des sources d'eau pure. Je vis là, pour la première fois, un aussi grand nombre de Massaï; des vieillards, des femmes et des enfants accourent; ils […]

porteurs de la caravane, les obligeant à s'éloigner jusqu'à ce qu'ils eussent fini. A force de dextérité, je parvins à photographier quelques femmes; mais ce triomphe faillit exciter une échauffourée : on crut que je voulais les ensorceler. Le soir, tous les hommes regagnèrent leurs kraals; les femmes restèrent en grand nombre au campement, sans que leurs maris parussent en éprouver la moindre inquiétude.

Le lendemain, au bout de deux heures de marche, la contrée commence à s'élever; des roches de gneiss rouge affleurent le sol dans la direction du nord; les strates se redressent presque verticalement. Il est clair que nous quittons l'aire d'éruption dont le Kilimandjaro est le centre pour rentrer sur les terrains métamorphiques. Le changement de végétation eût suffi pour nous en avertir : nous retrouvons la maigre flore du Nyika. Le soir, pas d'aiguade; on campe dans un kraal abandonné. La caravane repart avant le coucher du soleil, franchit un éperon peu élevé, et débouche dans la petite plaine marécageuse du Ngaré na Lala (eau grande ou marécage), qui occupe la base méridionale du Donyo Erok (montagne noire), et va se perdre dans le désert. Le Donyo Erok est une masse imposante dont le versant sud se dresse par une muraille abrupte; celui du nord est beaucoup moins escarpé. Le Ndapdouk, que d'ici on voit à l'est, paraît autrement pittoresque sous le double piton qui le termine.

Nous voici maintenant dans la partie la plus dangereuse du pays des Massaï; plus que jamais il faut se tenir sur ses gardes. On entoure le camp de la plus formidable des *bomas*; on distribue les sentinelles; nul ne doit sortir seul et sans armes ni s'éloigner du bivouac. Cette halte dura plusieurs jours, les traitants ayant à acheter des bouvillons pour leur cuisine, et des ânes pour emporter leurs provisions et l'ivoire qu'ils comptaient acheter. Mouhinna et Sadi remplissaient leurs fonctions avec tant de négligence que la famine aurait décimé ma troupe, si, dès le moment même où nos deux caravanes s'étaient réunies, je n'avais lié amitié avec Al-Héri, un traitant d'origine massaï, et son confrère Moran, Massaï comme lui, dont les services obligeants me permirent de me passer de nos deux coquins. Ils me donnèrent, en outre, sur leurs compatriotes, de nombreux renseignements.

Deux jours après, je gravis le Donyo Erok, dont la cime doit s'élever à près de dix-huit cents mètres. La partie supérieure de la montagne est couverte de bons pâturages où les Massaï mènent leurs bestiaux; çà et là seulement on voit des lambeaux de forêt.

Le 24 août la caravane se remet en marche vers le nord, passe au pied du versant est du Donyo Erok, sur une terre aride couverte d'épaisses forêts d'acacias aux formidables épines. Les Massaï se font de plus en plus nombreux, et nous avançons avec des précautions infinies. Après une courte étape, on campe sur les berges d'un ruisseau, le Ngaré Kidenol, où la précédente caravane avait été presque entièrement anéantie. Nous sommes maintenant dans le Matoumbato.

Les naturels qui l'habitent donneraient une très fausse idée de la superbe race à laquelle ils appartiennent : ils louchent presque tous, ce qui donne à leur physionomie une expression cauteleuse, singulièrement répugnante. Vols ou tentatives de vols deviennent des incidents de toutes les heures. En pleine marche, au milieu même de la caravane, un guerrier s'empare de la charge d'un porteur ou d'un paquet posé à terre et s'enfuit à toute vitesse. Je ne me lassais point d'admirer l'humilité des trafiquants en présence de ces larcins. Règle absolue, le larron pris sur le fait n'a rien à redouter; on lui retire simplement l'objet dérobé et il s'éloigne sans autre punition que les rires de ses camarades ou les railleries des porteurs.

A Ngaré Kidenol j'eus à rester perpétuellement en scène comme le plus grand, le plus puissant des *lybons*, tenant entre ses mains les clefs de la vie et de la mort. Cette renommée me préservait de beaucoup d'ennuis, — certes il en demeurait bien assez, — mais aussi me plaçait quelquefois dans les positions les plus comiques et les plus embarrassantes. Un jour, par exemple, un Massaï de fort grand air, déjà sur le retour, se présente accompagné d'une femme jeune et fort jolie. Après m'avoir gratifié d'une œillade amicale, il appelle Sadi et m'annonce par son entremise qu'il vient me consulter pour une affaire des plus graves. Me demandant ce que cela peut bien être, je les introduis chez moi et ferme la porte. La physionomie du personnage se fait de plus en plus solennelle, la dame baisse les yeux en minaudant; Sadi riait sous cape; je commençais à me sentir mal à l'aise : allait-il me proposer une de ses épouses? Voici de quoi il retournait. Le vieillard avait été vivement impressionné par ma vue, ravi de ma couleur; sa femme, elle, était absolument sous le charme.... Comme faire se devait, je regarde la dame : elle rougit, moi de même. Mon visiteur continue : N'ayant pas de secrets l'un pour l'autre, ils s'étaient confié leur admiration pour ma personne. Quelle joie s'il leur naissait un fils qui ressemblât au sorcier! J'étais un grand lybon, expert en œuvre de haute magie, je saurais bien leur donner une médecine qui produisit cet effet!

Je fus, on peut le croire, aussi surpris qu'amusé par cette requête extraordinaire : je parvins cependant à garder mon sérieux. « Satisfaire ces vœux, lui répondis-je gravement, était au-dessus de mon savoir; c'était au Dieu du ciel qu'il fallait demander une semblable faveur! Le vieillard ne se laissait point convaincre : sa femme contemplait le sol d'un air fort contrarié; moi-même je me sentais perdre patience. « Certainement, disait-il, prier le Ngaï de là-haut, cela ne peut faire de mal! » Mais dans le cas présent le lybon leur inspirait encore plus de confiance! Ils avaient des ânes et des taurillons pour me payer cette précieuse médecine, mais, si je n'accédais pas à leur désir, on verrait bien que le lybon blanc n'était qu'un méchant petit sorcier, et madame, bien sûr, ne me pardonnerait jamais. La situation devenait ridicule; je consentis à

Guerriers massaï — Dessin de Y. Pranichnikoff, d'après une gravure de l'édition anglaise

cracher sur eux libéralement et abondamment, ma salive passant ici pour douée des vertus les plus souveraines. Sous cette pluie de faveurs ils commencent à se dérider, tout en réclamant avec insistance quelque charme spécial. Une idée lumineuse me traverse le cerveau : justement, ma santé laissant fort à désirer, je m'étais prescrit un verre de sels laxatifs d'Eno : un spécifique unique ! Je triple la dose, je prépare le breuvage pétillant : ils l'ingurgitent avec une religieuse émotion, et pour dissiper tous leurs doutes je m'empresse de recracher sur eux avec une généreuse condescendance, et les reconduis poliment, après avoir gratifié la belle solliciteuse de mes plus jolies perles pour le futur bambin blanc. Puis je prends congé et regagne ma tente, me soulageant enfin par des accès de rire frénétiques et par quelques pas de gigue écossaise, à la grande épouvante de Songoro, qui me croyait devenu fou.

La contrée que nous traversons après avoir quitté le Ngaré Kidenoï se montre de plus en plus tourmentée et stérile ; à notre gauche se pressent les nombreux petits mornes du Mbaracha. Il faut, pour se procurer à boire, creuser des trous profonds dans le lit desséché des torrents. Le gibier avait presque entièrement disparu ; il me fallait acheter trois bouvillons par jour.

Gorge de Ngaré-Sari. — Gravure empruntée à l'édition anglaise.

Ce n'était pas chose facile ; ces marchés sont une éreintante corvée : on ne vous livre un bœuf qu'après deux heures de discussions enragées, suivant la règle qui préside ici à toutes les transactions commerciales. Enfin le Massaï crache sur sa bête ; nos gens accomplissent la même cérémonie sur les rouleaux de fil de métal ou les paquets de perles : l'affaire est conclue, on n'en dit plus un mot.

L'expectoration, il faut le dire, joue chez les Massaï un rôle très différent de celui qui lui est assigné ailleurs : c'est une marque de grande estime, d'affection, de profond respect ; elle remplace avec avantage les discours les plus éloquents : cracher sur une jeune fille est autrement flatteur pour elle que l'embrasser ; vous crachez sur votre visiteur quand il se présente ; vous l'honorez d'un jet nouveau quand il va prendre congé. En ma qualité de lybon de la plus belle eau,

les Massaï accouraient vers moi comme de pieux pèlerins autour d'une source vénérée, et, avec l'aide de quelques lampées, j'étais toujours prêt à les satisfaire ; plus copieuse la fusée, plus profonde leur joie : ils rapportaient avec orgueil à leur famille les preuves indubitables de l'honneur que leur avait fait le magicien blanc. Parfois, quand les clients se multipliaient par trop, ma gorge se desséchait, et je devais garder dans ma bouche des cailloux ou des balles pour stimuler la sécrétion du précieux fluide ; mais leur foi dans l'efficacité du remède me donnait le courage de surmonter mon ennui. Comment, par exemple, résister aux prières muettes des beaux yeux d'une *ditto* (jeune fille massaï) ? et n'étais-je pas bien récompensé par le regard brillant de gratitude lancé par la brune beauté quand je réussissais à atteindre le petit nez présenté si gentiment ?

Le 30 août nous sommes à Becil, près d'une chaîne peu élevée, derrière laquelle apparaissent les monts Oulou. Je fus témoin, en route, d'un duel entre deux rhinocéros : ils courent l'un sur l'autre à la manière des taureaux. L'un finit par prendre la fuite, poursuivi par son adversaire, dont il recevait à l'arrière de terribles coups de tête qui le soulevaient en l'air, et lui faisaient pousser des cris semblables à ceux d'un porc.

Becil est situé à une altitude de quatorze cent cinquante mètres, et sert de frontière entre le Matoumbato au sud et le Kapté au nord.

L'étape suivante nous conduit vers le nord, à la noullah de Touroukou, sur des pâtis onduleux presque dégagés d'arbres, parsemés de kraals, déserts maintenant, par suite des récentes incursions des Oua-Kamba ; ceux-ci commencent à prendre l'offensive et à razzier à leur tour le bétail des Massaï. Puis la caravane pénètre dans un défilé qui descend au ruisseau de Tourouka. Le lendemain on continue de remonter cette gorge, et, une heure après, la caravane émerge sur un immense désert qui déroule son énervante monotonie jusqu'aux collines du Ngourouma-ni et du Mosiro ; en arrière de celles-ci s'élèvent les masses formidables et noires du Maû, le rempart des hautes terres du Guas-Nguishou ; à l'est on n'aperçoit qu'un sombre escarpement de lave, courant du nord au sud en ligne à peu près droite, et formant une muraille parallèle au Maù. Le désert qu'on nomme le Doguilani est presque partout privé d'eau; le rempart de droite est le Donyo Erok el-Kapté (le mont noir du Kapté). Il nous fallut pour trouver de l'eau pénétrer entre deux murailles de lave, au fond de la gorge pittoresque de Ngaré-Suré.

Deux étapes nous amènent au district de La Doriak, dont l'aspect fait songer à la plus superbe des baies; l'aire, plate et unie, est partout entourée, sauf à l'ouest, par un splendide amphithéâtre de montagnes. Le Donyo Kisali en défend l'entrée d'un côté; le Donyo Nyiro, de l'autre. Nous faisons ensuite l'ascension de la chaîne latérale, dont le sommet s'élève à plus de dix-huit cent cinquante mètres; on descend dans l'étroite vallée d'un ruisseau, qu'on remonte jusqu'aux sources; puis, à la nuit tombante, nous campons au fond d'une combe, au pied du Lamouyou, un des monts du Kapté. Le jour suivant, on se dirige vers le nord, pour gagner le plateau du Kapté, dont les grandes lignes rappellent presque un paysage européen. Au campement on signale un rhinocéros paisiblement endormi : je me coule vers la bête avec les précautions accoutumées et en repassant par ma série habituelle de sensations désagréables.

Camp sur le plateau du Kapté. — Gravure empruntée à l'édition anglaise.

Il me semble que des mille-pattes rampent le long de mon épine dorsale; mon cœur bat la chamade; mes yeux sont près de sortir de leur orbite; mon souffle s'arrête; je me sens suer du sang. Puis, à l'instant même où commence le danger réel, mes nerfs redeviennent d'acier et mes muscles de fer. A quelques mètres du gibier, je vise en silence et rapidement : le coup éveille les échos; je m'allonge dans les herbes comme un lièvre. L'énorme bête se ranime, se dresse sur ses pieds, ouvre des yeux hagards; un jet de sang coule de ses narines comme l'eau d'une fontaine; elle fait quelques pas pour tomber raide morte : la balle avait traversé le poumon.

Une heure de marche nous amène ensuite à un charmant réduit entouré de crêtes couronnées de bois, et au fond duquel bouillonne une source fraîche; plus loin elle s'épanche en un étang où nagent des canards : c'est Ngongo-a-Bagas (l'œil du Bagas), un des ruis-

seaux dont la réunion forme la rivière Athi de l'Ou-Kambani; un second, plus important encore, se rencontre vers l'est; comme le Bagas, il est déjà dans toute sa force quand il jaillit de la base du versant oriental du Donyo Lamouyou. Ngongo-a-Bagas marque la limite méridionale du pays de Kikouyou, dont les habitants passent pour les plus incommodes et les plus intraitables de la région. Leur territoire occupe un triangle dont la base a près de soixante-quinze kilomètres et s'étend depuis l'œil du Bagas jusqu'au point du plateau qui domine le lac Naivacha. Sa plus grande longueur est d'environ cent trente kilomètres, le sommet du triangle s'appuyant sur le versant méridional du mont Kénia de Kikouyou. Il forme une grande ondulation du plateau de Kapté et du Lykipia, son prolongement septentrional, et embrasse une région forestière s'élevant à une altitude de dix-huit cent cinquante à deux mille huit cents mètres; les sécheresses y sont inconnues; le sol y est étonnamment fertile. Les nombreux ruisseaux qui l'arrosent vont former le Kilaloumi ou rivière de Tana. Les Oua-Kikouyou sont apparentés aux Oua-Kamba par le dialecte et par les mœurs; mais la race est loin d'être aussi belle.

Au campement de Ngongo nous avions à nous mettre en défense contre les Oua-Kikouyou, d'un côté; de l'autre, contre les Massaï du Kapté, presque aussi redoutables. Les deux peuplades sont en guerre perpétuelle. Il fallut préparer, autour du camp, un solide rempart de troncs d'arbres, et faire une expédition en règle dans la forêt, où s'abritent les villages des Oua-Kikouyou, pour se procurer des vivres.

Le 8 septembre j'apprends qu'on a entendu des cris d'éléphant dans une partie assez rapprochée de la forêt; et, afin de m'essayer à cette chasse, je pars, emmenant pour escorte une petite bande d'hommes éprouvés. Nous enfilons une coulée ouverte dans le sous-bois par ces colosses; la plus extrême circonspection est de rigueur : si nous avons quelque remarque à nous communiquer, un léger sifflement appelle l'attention des camarades, puis on télégraphie par signes ou par clignements. Le demi-jour de la feuillée, nos mouvements silencieux et furtifs, le soin que nous mettons à écarter la brousse, notre sensitivité morbide à chaque vibration de l'air, à chacune des formes entrevues, une tension nerveuse excessive, les périls de l'entreprise, nous donnent une fièvre ardente, nous fascinent singulièrement. On cheminait ainsi depuis une demi-heure, quand nous fûmes électrisés soudain par un bruit étrange qui semblait partir de notre voisinage immédiat. Immobiles comme des statues, retenant notre souffle, la main levée pour enjoindre le silence, l'oreille tendue du côté d'où vient le son, nous échangeons des regards anxieux : pas n'est besoin d'un « liseur de pensées » pour voir le mot « tembo » (éléphant)

Femmes massaï du Kapté (voy. p. 319). — Gravure empruntée à l'édition anglaise.

jaillir à la fois sur toutes les physionomies. On redouble de précaution, on inspecte les fusils; chacun se prépare à l'épreuve. Impossible de rien distinguer à un mètre en avant; l'ouïe seule pouvait nous guider, mais la forêt se taisait de nouveau; nous ne devions pas être loin de la bête, pourtant! Tout attention, nous cherchons à saisir quelque indice de sa présence; puis nous nous reglissons au milieu des foulées; l'œil en feu, nous arrêtant de temps à autre pour tâcher d'apercevoir dans la pénombre la victime tant désirée. Ce bruit, encore! tout près, semble-t-il, et cependant on n'entend pas se briser les branches, ni se relever en sifflant les gueules recourbées. L'attente est insupportable; après un nouvel échange de grimaces et de gestes, on se remet à ramper; pouce à pouce, on se coule sur la sente : le cri se répète, à moins de quelques mètres cette fois; nul autre

signe ne nous vient éclairer. Nos yeux, agrandis par l'inquiétude, essayent de pénétrer les fourrés; nous prêtons de nouveau l'oreille, mais pour percevoir seulement les battements précipités de nos artères; de grosses gouttes de sueur nous ruissellent du front et des joues. Soudain un horrible miaulement me fait monter le cœur aux lèvres : un léopard bondit, presque sous notre nez, Avec une exclamation de fureur, et aussi de soulagement, car je ne pouvais plus tenir à cette incertitude, je me relève vivement, mais trop tard; le félin avait déjà disparu dans la brousse. D'éléphant, il n'en fut plus question ce jour-là.

Un repos de deux semaines avait refait ma troupe; nos préparatifs étaient terminés. Les traitants de Pangani, pourvus de trois mois de vivres, les chargeaient sur les nombreux ânes achetés aux Massaï. Ma modeste douzaine de bourriquets ne me permettait pas d'en prendre pour plus d'une vingtaine de jours. Le 20 septembre, enfin, après les sacrifices propitiatoires ordinaires, il fut décidé que le vendredi (le jour sacré des musulmans) on se mettrait en route à la quatrième heure, et les hommes de Jumba vocalisèrent à la ronde le Ky-niamouézi (avertissement) d'usage, afin que chacun eût à se tenir prêt.

Traduit et condensé par Frédéric BERNARD.

(La suite à la prochaine livraison.)

Campement à Ngongo (voy. p. 319). — Gravure empruntée à l'édition anglaise.

Le Donyo Longonot (voy. p. 322). — Dessin de A. de Bar, d'après une gravure de l'édition anglaise.

AU PAYS DES MASSAÏ

(AFRIQUE CENTRALE),

PAR M. THOMSON[1].

TEXTE ET DESSINS INÉDITS.

VIII

LE LAC NAÏVACHA.

Panique causée par les lions. — Ma première chasse à l'éléphant. — Une montagne extraordinaire. — Le Donyo Bourou. — Le lac Naïvacha. — La plaine du bois à brûler.

A l'heure propice, le signal du départ est donné et la caravane se met en marche vers le lac Naïvacha. Nous nous dirigeons au nord-nord-ouest, par un sentier des plus agréables, battu par les pieds du bétail à travers l'immense forêt. Il s'élève par une pente assez raide jusqu'au sommet d'une chaîne ondulée, d'où la vue s'étend au loin à notre droite sur la plaine de l'Athi que ferment les monts Oulou.

Déjà les Oua-Kikouyou se montraient dans les fourrés, espérant nous dérober quelque ballot, ou faire goûter notre sang à leurs bonnes lances. Nous marchions l'oreille au guet, l'œil ouvert. Toutes les demi-heures l'avant-garde s'arrêtait pour permettre au gros de la troupe de la rejoindre. L'aiguade à laquelle on arrive dans l'après-midi est à sec. Tout désappointés, il fallut donc nous résoudre à quitter la route directe, pour gagner, au cœur même de la forêt, un

étang, qui, circonstance fâcheuse, était voisin d'un campement de Oua-Kikouyou. Dans la crainte de ne pas l'atteindre avant le coucher du soleil, chacun s'empresse, on court, et la débandade se met dans la caravane. A la nuit tombante, nous sommes sur les rives d'une charmante nappe d'eau, couverte de frais ombrages et alimentée par de nombreuses fontaines. Malheureusement, le désordre qui a prévalu pendant la marche n'a pas cessé au bivouac ; on néglige de prendre les plus simples mesures de prudence. La règle générale et dont, sous aucun prétexte, on ne devait s'écarter, est que tous les marchands et chefs de caravane se placent avec leurs hommes de manière à former une enceinte complète, au centre de laquelle on réunit les bœufs, ânes, etc. Au lieu de cela, nos gens s'échelonnent en deux lignes divergentes, et, la base du triangle restant ouverte, nos bêtes et nos bagages se trouvent à découvert. Enfin, les feux sont allumés, et nos hommes commencent à s'épanouir devant la

1. Suite. — Voy. pages 289 et 305.

flamme. Une volée de mousqueterie les arrache soudain à leur bien-être ; ils empoignent leur arme, toujours placée sous la main, mais n'osent quitter les feux. Le bétail mugit et s'ébranle ; la confusion et la terreur sont telles, que personne n'eût songé à arrêter les troupeaux, si, donnant à mes hommes l'ordre de me suivre, je ne me fusse élancé à la rescousse avec mes deux fidèles, Brahim et Makatoubou. Enfin nous réussîmes à dépasser les fuyards et à les rabattre sur le bivouac : vingt mètres de plus seulement, et nous ne les eussions jamais revus ; de tous les halliers on nous lançait des flèches ; deux des bœufs que nous ramenions furent atteints. Les assaillants avaient commencé par se glisser près d'un petit groupe, qu'ils comptaient égorger à la sourdine ; mais les cris d'un des porteurs, grièvement blessé d'un coup de simé, donnèrent l'éveil aux autres ; ils dirigèrent sur les brigands cette fusillade qui nous avertit. Les Oua-Kikouyou décampent emportant en souvenir quelques balles et laissant un mort.

Il était déjà tard quand on se remit en route le lendemain. Les naturels, au nombre de plusieurs milliers, nous harcelaient incessamment, et de temps à autre il fallait faire halte pour leur montrer nos fusils. Nous réussissons de cette manière à franchir la partie la plus dangereuse de la forêt ; nos assaillants comprennent qu'ils n'auront pas le dernier mot, et détalent les uns après les autres ; nous respirons en paix.

Nous sommes maintenant à une altitude de plus de dix-huit cents mètres et nous marchons au milieu de massifs de très beaux conifères qui s'élancent à une trentaine de mètres, de calodendrons du Cap et d'arbrisseaux couverts de fleurs charmantes aux parfums exquis, quoique trop capiteux. Vers trois heures nous sommes sur l'arête du plateau, d'où nous surplombons le désert du Doguilani, morne étendue qui se déroule jusqu'au mur sombre du Maü, où l'on ne distingue que deux masses isolées, le Donyo-la-Nyouki au sud, et le Donyo Longonot au nord. De ce côté, la vue est bornée par l'escarpement de notre plateau, qui s'infléchit en ligne courbe vers l'ouest sur une longueur de seize à dix-huit kilomètres. C'est là que se trouve le Mianzi-ni, le district des Bambous, en souahéli. Nous descendons l'escarpement par un très bon sentier tracé en ligne diagonale sur la paroi presque verticale par les pieds des bestiaux. Mais la marche est pénible ; les hommes sont éreintés ; la soif nous tourmente et chacun presse le pas pour atteindre plus tôt l'aiguade.

Des cris effroyables nous arrêtent soudain : des lions viennent de se jeter sur les ânes et d'en tuer plusieurs. Les porteurs jettent brusquement leurs fardeaux et tirent au large ; les bourriquets essayent, à force de contorsions et de coups de pied, de se débarrasser des leurs ; brayant d'épouvante, ils se lancent au travers des halliers, pour être abattus par les hommes, qui, dans leur affolement, les prennent pour des lions ; les bestiaux échappent à leurs gardiens et, galopant au hasard dans la brousse, augmentent le tohu-bohu. La

fusillade, les clameurs effarées de la caravane, le rugissement des lions, les cris des ânes retentissent de tous côtés sous les dernières lueurs du crépuscule. Je parviens à maintenir l'ordre dans ma section : deux heures après le coucher du soleil, j'arrivais à Guaso-Kidong, sans avoir égaré un homme ni un ballot, plus heureux en cela que les marchands de la côte. Plus d'un quart de la caravane, perdant la tête à la vue des fauves, croyant l'avant-garde attaquée par les indigènes, n'avait plus osé bouger ; pressés les uns contre les autres comme un troupeau de moutons, les hommes prenaient pour un lion chaque touffe de brousse agitée par la brise, chaque tronc d'arbre pour un Oua-Kikouyou. Toute la nuit le bruit des décharges de mousqueterie nous apporta l'écho de leurs terreurs. Trois jours de halte suffirent à peine pour rallier tout notre monde et réparer les effets du désordre.

Le Guaso-Kidong est un cours d'eau charmant, qui jaillit d'un petit bassin rocheux à la base de la falaise ; nous y prîmes un bain tiède des plus agréables ; le thermomètre marquait 28°,50, tandis que la température ambiante ne montait qu'à 21 degrés.

En quittant le bivouac, nous nous dirigeons vers le nord-ouest, en suivant la base du plateau ; la caravane traverse un autre bras du Guaso-Kidong, plus large et plus profond ; puis nous gagnons la forêt, que traverse un admirable sentier de bétail. Escorté de Songoro, je marchais assez loin en avant ; soudain je tressaillis comme au contact d'un courant électrique : une dizaine d'éléphants traversaient paisiblement le chemin ; c'était la première fois que j'en voyais à l'état sauvage. Ordonnant à Songoro d'aller à toute vitesse chercher Brahim et ma bonne « casseuse d'os », je me hâte de poursuivre, de peur de perdre mon gibier. Je me plonge dans la brousse épaisse, j'en suis les labyrinthes, n'osant respirer, le cœur battant à coups pressés : bientôt je trouve la foulée des colosses et me glisse parallèlement à leur route ; ils marchent à loisir, écrasant les arbrisseaux sous leurs énormes pieds et occupés à brouter les rameaux feuillus. A moins de dix mètres je vise un de ces animaux, qui, par malheur, ne se présente pas comme je le voudrais : la balle touche derrière l'épaule, mais à un angle tel qu'elle ne peut atteindre le cœur. Un bruit terrible de branches cassées, puis le troupeau entier disparaît comme un éclair. Seul, et à plusieurs milles de la route, je me vois forcé de revenir sur mes pas, sans même connaître le résultat de mon coup.

A midi, après une marche rapide, nous campons aux sources du Mkoubou, cours supérieur du Guaso-Kidong qui jaillit au pied même de l'escarpement. C'est ici que je compte m'assurer si le Donyo Longonot (le mont du Grand Puits) est bien un cratère. Donc, sans perdre une minute et suivi de mes quatre meilleurs pistons, je me mets en route pour la montagne : l'étape sera dure. On s'élève peu à peu à travers la brousse ; deux heures et demie d'un fort rude trajet nous amènent à la base du Longonot : une pro-

Des lions se jettent sur les ânes de la caravane. — Composition de Y. Pranishnikoff, d'après le texte.

fonde crevasse s'étend à nos pieds, comme pour me séparer du but de mon ambition. Brahim, Songoro et
moi ceignons nos reins pour une escalade des plus ardues : il faut gravir d'abord une suite de banquettes
ou marches de lave scoriacée recouvrant des cendres
très fines, puis monter, suants et pantelants, au travers de buissons aux formidables épines, trébuchant
sur les pierres branlantes vomies par le volcan et dissimulées sous les herbes. A mi-chemin, Songoro s'arrête épuisé, Brahim semblait l'incarnation même de
la sauvagerie, tandis que, les dents serrées, il s'achar-
nait à me suivre, ne voulant point s'avouer vaincu.

Nous voici à la base du vrai cône : je contemple
avec stupéfaction la pente escarpée et raide qui se
dresse devant moi. Allons! un suprême coup de collier! et des mains et des genoux je m'attaque au géant.
Une seule glissade, et je dégringolais jusqu'au milieu
de la montagne. Enfin je pose le pied sur le faîte; je
me trouve à l'orée même d'un gouffre immense, descendant, autant que j'en puis juger, à cinq ou six cents
mètres de profondeur. Ce n'est point un cône renversé, comme la plupart des autres cratères, mais une
cavité cylindrique, d'au moins cinq mille cinq cents
mètres de circonférence, aux parois absolument verticales et sans la moindre brèche, quoique vers le sud-
ouest un piton s'élève à plusieurs centaines de pieds
au-dessus du niveau général des bords. Cette formidable muraille est si bien coupée à pic, qu'immédiatement sous mes pieds je ne puis la suivre des yeux,
à cause d'une légère saillie de la paroi; et si étroite
était l'arête de ce merveilleux cratère que je m'y tenais
à califourchon, une jambe au-dessus de l'abîme, l'autre
sur le talus extérieur. Le fond me paraît uniformément
plat; il est recouvert d'acacias dont les cimes, à cette
profondeur, ont l'aspect d'une prairie verdoyante. Ni
touffe de buissons, ni guirlande de lianes sur les parois, sinistres et sombres, composées de couches de
lave et de conglomérats. Cette scène grandiose me fas-
cinait; je sentais le besoin presque irrésistible de me
lancer à corps perdu dans l'abîme qui m'appelait, et,
pour m'arracher au vertige, je dus me retourner brusquement.

Mes observations indiquent une altitude de deux
mille cinq cents mètres; le point culminant du piton
doit dépasser deux mille sept cents.

Nous revenons sur nos pas aussi lentement que possible; le soleil est près de se coucher. Courant plutôt que marchant, nous retrouvons Songoro et les autres; à mi-chemin les ténèbres nous environnent; la
brume nous pénètre de part en part, on s'avance plus
que d'instinct. Enfin, deux heures après le coucher
du soleil, nous rentrons au campement, accueillis par
les cris de joie de la caravane.

Le lendemain, nous continuâmes notre marche vers
le Naïvacha. Entre le Donyo Kedjabé (mont d'Or) et
le Donyo Longonot, nous franchîmes la chaîne de hauteurs qui réunit les deux montagnes; le lac splendide
se déroula en entier sous nos yeux.

Quelques heures de marche sur un gazon frais
et vert nous amènent, le jour suivant, à la plaine qui
s'étend entre le lac et l'escarpement du plateau, et où
galopent des milliers de zèbres. Quel merveilleux spectacle que de voir ces superbes animaux groupés en
larges escadrons, s'allongeant comme des chevaux de
course, quand ils passent trop près de nous, puis se
massant pour nous faire face, en agitant et en relevant
la tête, trottant à une allure splendide, comme s'ils
mettaient le chasseur au défi de les approcher!

Le lac lui-même est couvert d'une troupe mouvante
de canards, d'ibis, de pélicans et d'autres oiseaux
d'eau. Nous en contournons la pointe nord-ouest, et
pénétrons dans un bosquet d'acacias épineux où, sans
perdre une seconde, on se met en devoir de construire
une boma, car nous voici dans un des lieux du plus
mauvais renom de la route entière. Tous travaillent
avec énergie, et quand les guerriers commencent à se
montrer en nombre respectable, nous sommes en sûreté
derrière une inexpugnable barrière d'épines. J'appris
que le docteur Fischer n'avait pu dépasser le lac Naïvacha; affaibli par la maladie, il avait dû retourner
sur ses pas, à quelques journées seulement de son but,
le grand lac Baringo. Certes il n'y a point de quoi
s'en étonner quand on connaît la vie féroce que vous
font mener ces Massaï! Ils nous donnaient des ordres
comme si nous eussions été leurs esclaves, et chaque
jour il me fallait monter sur les tréteaux et jouer mon
petit rôle pour leur bon plaisir : « Ote tes bottes!
Montre tes orteils! Quels drôles de cheveux! Quels
vêtements ridicules! » Ils me tournaient et retour-
naient, passaient sur ma figure leurs pattes malpro-
pres, leur « shoré (ami), donne-moi un cordon de perles! » résonnant à mes oreilles avec une permanence
affolante.

Chose étrange, tous ces ennuis ne m'empêchèrent
pas de lier grande amitié avec quelques-uns des anciens qui, dans leurs expéditions, avaient acquis une
connaissance admirable d'une vaste étendue de pays, et
répondaient sans réserve à toutes mes questions.

Les femmes nous apportaient du lait en quantité, secrètement, car il ne leur est pas permis de trafiquer de
cette précieuse denrée, friandise que l'on garde pour
les jeunes guerriers. Mais d'aimables compliments, une
caresse sous le menton, l'exhibition de mes plus jolies
perles, nous gagnèrent leur cœur et des vivres à foi-
son. La galanterie m'oblige à dire que les jeunes filles Massaï seraient sans défaut, si elles consentaient à
échanger l'usage de l'argile et du mindoux pour celui
de la savonnette.

A l'ouest de Naïvacha, et fermant un éperon de l'escarpement du Mau, on devine la silhouette arrondie
du Donyo Bourou (la montagne des vapeurs), tout enve-
loppé de nuées de vapeurs qui s'échappent par bouf-
fées intermittentes, mais avec une régularité singulière,
d'une cavité profonde où l'on entend résonner tantôt
un bruit de gargouillement, tantôt un roulement comme
celui du tonnerre. Elle est située sur une ligne de dé-

chirure que l'œil peut suivre à une distance considérable jusqu'à la base du talus. Plus loin nous nous
trouvons à la lisière d'une muraille de lave; ici l'émis-
sion des vapeurs est beaucoup plus abondante; elles
sifflent à coups pressés : on dirait la soupape de sûreté d'une locomotive. Si chaude était cette roche que
mes hommes n'y pouvaient marcher; sous l'influence
de ces vapeurs, elle se décompose en une argile d'un
rouge cramoisi, à laquelle on attribue les plus grandes
vertus curatives. La montagne elle-même est une masse
irrégulière qui doit à peine atteindre deux mille huit
cents mètres d'altitude. Je ne regagnai le bivouac qu'à
la nuit close, après être resté onze heures sur mes
jambes, à marcher ou à grimper avec acharnement,
sans m'accorder un instant de repos.

Le lac Naïvacha couvre un carré irrégulier long de
vingt-deux kilomètres et large de seize; il est assez
peu profond, autant que j'ai pu m'en assurer, et situé
à une altitude de dix-huit cent cinquante mètres. Les
trois îlots qu'on voit au centre ne sont peut-être que
des bas-fonds couverts de papyrus. Il est alimenté au
nord par le Guaso Guiliguili et le Mouroundat, dont
les apports doivent considérablement le réduire, à en
juger par les couches épaisses d'alluvions qui forment

Jeunes filles massaï et femmes massaï apportant du lait. — Dessin de Y. Pranishnikoff, d'après les gravures de l'édition anglaise.

la grande savane; on y voit de nombreux hippopotames, mais pas du tout de poisson; à certaines épo-
ques de l'année les canards recouvrent littéralement
une notable partie de sa surface.

Le Naïvacha a été formé sans doute par l'amoncel-
lement, en travers de la cuvette méridionale, de débris volcaniques qui ont endigué deux torrents descendant du plateau de Lykipia.

Le 4 octobre, après cinq jours de repos, nous franchîmes le Mouroundat, qui s'ouvre dans les alluvions
une profonde tranchée; plus tard on remonta les rives
du Guaso Guiliguili. Nous campons sur la berge;
mais nous ne trouvons pas le bois épineux qu'il fau-
drait pour construire une boma, et nous passons une
nuit blanche, les maraudeurs ne nous laissant pas de
repos. Le lendemain, nous continuons vers le nord,
sur un terrain agréable, au milieu de buissons de la-
lehoua aux feuilles argentées. Une quantité merveilleuse d'arbres secs dont la mort semble due à des
causes naturelles parsèment ce pays. C'est la plaine du
« bois à brûler » (Augata Elgek).

Après une longue étape, la caravane descend au
fond d'une grande faille, et campe dans une combe
charmante de l'escarpement du Lykipia; un joli torrent, le Ngaré Kékoupé, se précipite des hauteurs et
va se jeter plus bas, dans le lac salé d'Elmeteita. Ici

nous dédoublons notre bivouac, afin de ne pas perdre de temps le lendemain matin, et de ne rien oublier d'indispensable, Kékoupé étant le lieu où je devais quitter mes compagnons pour me diriger sur le Lykipia et le mont Kénia.

Il n'y avait point à se le dissimuler : cette course était des plus hasardeuses, et dans l'éventualité d'une retraite précipitée je ne pouvais emporter que le strict nécessaire. Je pris une trentaine d'hommes, les meilleurs de ma troupe; j'avais si bien réussi à gagner leur respect et à les habituer à la discipline, que pas un d'eux ne protesta. Le reste de mes porteurs devait gagner le lac Baringo sous la conduite de Martin et de Jumba Kimameta, en qui j'avais toute confiance. Quelques-uns des plus aventureux parmi les trafiquants, me voyant bien décidé à partir, demandèrent à me suivre jusqu'au mont Kénia, et j'en fus enchanté, car je me souciais de moins en moins de me trouver à la merci de maîtres Sadi et Mouhinna. En somme, notre détachement finit par compter plus d'une soixantaine d'hommes résolus.

IX

AU LAC BARINGO PAR LE MONT KÉNIA.

La chaîne des monts Aberdare. — Épizootie. — Chasse au buffle. — Représentation de haute sorcellerie. — Le mont Kénia. — Le lac Baringo. — Perdu! — Un délicieux campement.

Le 6 octobre, après une nuit sans sommeil, j'étais debout avant l'aurore et prêt à m'élancer avec mes gens à la conquête de l'inconnu. Nous gravissons pendant une heure les pentes ardues et boisées du Kékoupé et traversons le torrent qui sautille à petit bruit : des vapeurs s'en élèvent, à ma grande surprise; je mets la main dans l'eau : elle est en effet très chaude. Ma curiosité fort excitée, je continue à monter, et bientôt je suis ravi au delà de toute expression à la vue d'un petit bassin charmant entouré de précipices pittoresques et de blocs à demi cachés sous une végétation luxuriante, au fond duquel bouillonnent les eaux vives de la source; le thermomètre indique une température de 40°,5.

Après avoir longé dans la direction du nord un escarpement au pied duquel le Kékoupé prend sa source, nous gravissons ses flancs déchirés vers le milieu du jour, et nous nous trouvons sur la surface accidentée du plateau, à une altitude de deux mille six cents mètres. On campe dans un grand bois de genévriers; nous y trouvons un village désert, autrefois occupé par des Andorobbo (une tribu chasseresse de Massaï). La possession de ce district, le Dondolé, « la terre de tout le monde », fait l'objet de luttes perpétuelles entre les Massaï du Kinangop et ceux du Lykipia.

L'étape du jour n'était pas sans me causer grand souci : je craignais quelque rencontre avec les Massaï au début même de notre entreprise, car le passage du *mlango* (porte) d'un district à un autre est ici chose fort délicate. Nous cheminions avec une prudence extrême; il était de toute importance de gagner un bon lieu de campement et d'y construire notre boma avant que la nouvelle de notre voyage se fût répandue par le pays. A notre grande surprise, la route était semée de cadavres de bestiaux; ils ne semblaient point avoir péri de mort violente; quelques parties seulement en avaient été touchées par les hyènes ou autres carnivores. Nous comprîmes qu'une terrible épizootie devait ravager la contrée. On signale un kraal dans la direction à suivre : la marche se fait de plus en plus circonspecte. Près du lieu redouté, nous arrivons à un des ruisseaux qui forment le Mouroundat; en un rien de temps notre boma est prête. Une fois installé, je notifie notre présence par un coup de fusil. Nous apprenons avec une vive satisfaction que le susdit kraal est habité par la gent paisible des El-Morüü. Hélas! notre joie n'est pas de longue durée, car dans le voisinage un autre plus grand sert de demeure à de nombreux El-Moran, qui ne tarderont pas à nous réclamer leur hongo. Presque aussitôt, en effet, commence à se montrer cette jeunesse, toute bouffie d'orgueil. D'abord ils me saluent très cérémonieusement, et en quelques minutes ma main se recouvre d'une couche fétide d'argile et de graisse. L'étranger ne semble point trop rébarbatif, on se lance à le questionner : « Où vas-tu? — D'où viens-tu? — Que veux-tu? — Pourquoi as-tu si peu de marchandises? » Et des milliers d'interrogations analogues. « Je suis, leur répondais-je, le lybon blanc des Ladjomba (Oua-Souahéli); les traitants m'envoient pour découvrir par mes pouvoirs secrets les endroits où on leur vendrait de l'ivoire. Qu'était, près de moi, leur fameux M'hardien! Qu'il montrât une peau blanche, des cheveux semblables aux miens! — Toi, là-bas! continuais-je, approche! Je vais te sortir le nez et te le remettre ensuite! Tu vois mes dents? elles tiennent solidement, n'est-ce pas? (et je les frappe du nœud de mes phalanges), pas de fraude, tu vois! attends que j'aie tourné la tête! — Regarde! elles n'y sont plus! » Toute l'assistance recule, épouvantée. Je les rassure, me retourne encore; en un clin d'œil j'ai remis tout en ordre, et, m'inclinant avec grâce devant mes spectateurs pétrifiés de surprise, je tape de nouveau sur mes incisives. Ai-je besoin d'avouer, cher lecteur, — prière de ne point l'ébruiter — que je possède une couple de dents artificielles qui m'ont valu bien au delà de leur pesant d'or? Et ces braves Massaï, n'ayant pas le moindre doute que je [illegible] en puisse faire autant de leur nez ou de leurs yeux, [illegible] que nul de leurs sorciers n'aurait osé [illegible] avec le « lybon n'ebor », le grand magicien blanc.

En conséquence ils songèrent à [illegible] « exécuter » avec la même importunité que des présents [illegible], par malheur, ne me dispensant pas de payer le hongo.

Lorsque je fis mine de partir, ils s'y opposèrent d'abord sous le prétexte que la présence du grand sorcier était indispensable pour vaincre le fléau de l'épizootie. Mais, voyant à la fin que [illegible] pas la situation, ils nous donnèrent la clef des champs.

Nous entrons dans une région montueuse, aux contours mollement arrondis; les pentes, plus raides, se revêtent de bois au feuillage sombre; sur les sommets et dans les combes s'étend un tapis du plus luxuriant gazon. Une chaîne splendide traverse le plateau et dresse vers le ciel ses masses imposantes. Elle n'a point encore de nom géographique; les indigènes se contentent d'en désigner les différentes cimes. Ainsi, au sud, une belle montagne, le Donyo Kinangop, porte celui du district qui s'étend autour de ses pentes occidentales; plus près de nous, une vaste coupole très boisée est le Soubouyou (vêtu de forêt) la Paron; un contrefort moins élevé est dirigé vers le nord-est : c'est le Settima, nom que les géographes connaissent depuis longtemps; le Godjeta s'articule sur le versant ouest. Il me semble donc permis de baptiser à ma guise cette superbe barrière : ce sera la chaîne des monts Aberdare[1]. L'altitude de leurs cimes varie entre trois mille sept cents et quatre mille trois cents mètres; ils ont, du sud au nord, une longueur totale de cent dix kilomètres.

Le lendemain, au réveil, je constate que la terre est couverte de givre; il a gelé blanc pendant la nuit. Il

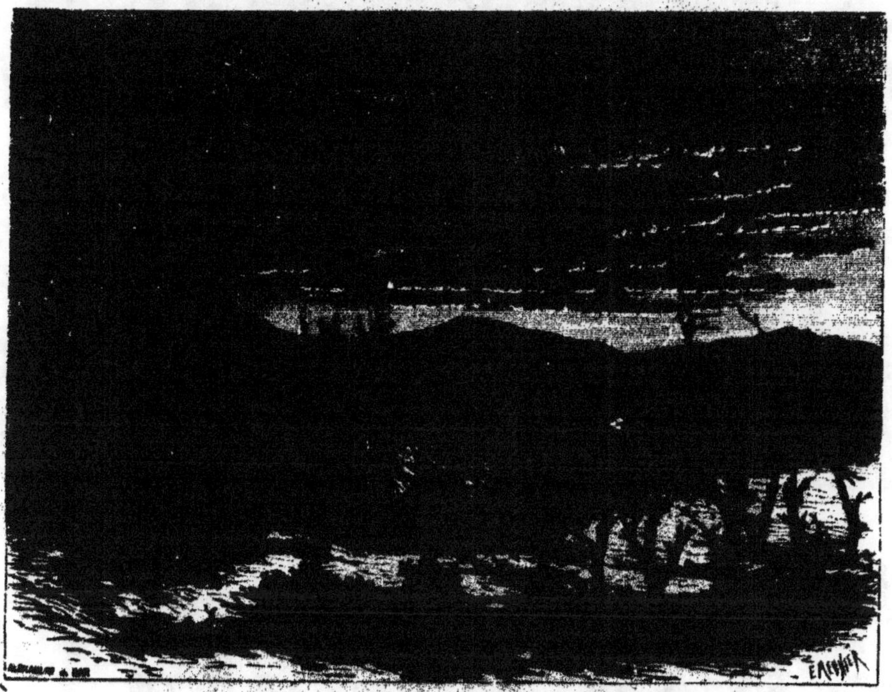

La plaine du « lieu à herber » (voy, p. 324). — Dessin de A. de Bar, d'après une gravure de l'édition anglaise.

fallut attendre une couple d'heures que le soleil vînt attiédir l'atmosphère : à un kilomètre de l'Équateur, je chauffais mes pieds bottés, les mains dans les poches et blotti sous mon pardessus.

Ayant entendu dans le fourré près du bivouac un bruit semblable au mugissement d'un buffle, je pars, le fusil sur le bras, cherchant partout mon gibier. Un grondement sauvage s'élève d'un épais buisson de hautes herbes et de bambous; je me jette vivement en arrière; à quelques pas de moi, un beau léopard me montre ses dents féroces, pelotonné sur lui-même comme s'il allait bondir sur l'intrus; je n'avais pas encore visé qu'il disparaissait dans la brousse. En le poursuivant, j'atteins le sommet de la colline, d'où je découvre une vue splendide : au delà de la chaîne des monts Aberdare s'élève dans l'azur un pic tout blanc de neige, scintillant au soleil comme un diamant colossal; à la base de cette superbe pyramide, deux petites saillies, et, s'éloignant à un angle très obtus, une longue ligne d'un blanc éclatant. Ce pic, cette nappe de neige, ce sont les sommets du Kénia!

Le jour suivant, pendant la marche, je réussis à tuer un buffle; nos hommes y viennent découper leur provision de viande et nous entrons dans une forêt de

1. C'est le nom du président de la Société de géographie de Londres.

superbes conifères, par un sentier de bétail, jonché de charogne en décomposition. Après avoir marché pendant plus d'une heure, nous entrons dans le grand Angata-Bous, savane qui s'étend à perte de vue au pied du versant occidental des monts Aberdare et va rejoindre les bamboulaies du Ki-Kouyou. On construisit la *boma* sur la lisière de la forêt, et les Massaï ne tardèrent pas à paraître, plus désagréables que jamais. Quoique cette fois les El-Moran ne fussent pas en grand nombre, ils se mirent en tête de s'opposer à notre départ; ma petite pacotille diminuait à vue d'œil; les vivres étaient épuisés. Le buffle nous dura deux jours; après cela, plus un atome de viande au bivouac. J'essayai d'acheter un bœuf ou

M. Thomson et Brahim guettent un buffle (voy. p. 326). — Composition de Y. Pranichnikoff, d'après le texte.

une chèvre. On ne consentit à me vendre qu'une vache qui était sur le point de crever de maladie. Règle sévère et qu'on ose rarement enfreindre : il est interdit de chasser dans le voisinage des Massaï. Mais les hommes mouraient de faim; je me décidai à tenter la chance, sans autre résultat que de blesser deux buffles qu'il fut impossible de poursuivre et d'achever. Le lendemain il m'est interdit de chasser; les Massaï se montrent irrités de mes coups de fusil, et l'on en profite pour me vendre à un prix fou un bœuf à demi décomposé.

Le 14 octobre, enfin, on nous donne la permission de partir. Nous traversâmes l'Angata-Bous pour gagner les rives de l'Ourourou (tonnerre), ainsi nommé d'une chute splendide qu'il forme un peu plus loin. Au point où nous le passons à gué, il s'étend en un vaste

« Regarde ! elles n'y sont plus ! » (voy. p. 326). — Composition de Y. Pranishnikoff, d'après le texte.

marais, le Kopé-Kopé, au travers duquel nombre de ruisseaux rapides courent sur des lits encombrés de galets, que nous franchissons non sans peine.

Les vivres tirant à leur fin, je pris mon fusil tandis que les autres s'affairaient à la *boma*. Brahim m'accompagnait. Presque aussitôt un buffle se montre à l'orée d'une sente de la forêt; je me faufile à moins d'une quarantaine de mètres, je tire et l'atteins au côté. Il prend la fuite en chancelant; une seconde balle le frappe à la hanche au moment où il allait disparaître sous les arbres. Je me lance à sa poursuite; un de ces animaux, le même, me semble-t-il, sort du couvert en courant: j'emboîte le pas après lui. Je rasais un épais fourré, lorsque, tout d'un coup, je perdis mon équilibre, physique et mental; un mugissement furieux retentissait à mes oreilles: mon premier buffle arrivait sur moi, tête baissée. La gloire de me voir lancé dans les airs comme une fusée n'enflamma point mon courage, et, afin de me garder vivant pour d'autres triomphes, je détalai de toute la vitesse de mes jambes. Satisfait sans doute de m'avoir mis en désarroi, le taureau regagne à loisir les profondeurs du hallier.

Je crie à Brahim, qui avait imité son maître, d'interrompre sa course désespérée. Le garde-manger est vide; bien sots serions-nous d'aller chercher au loin ce qui est près de nous! Le buffle, qui le remplirait si avantageusement, est là dans la brousse, et déjà touché par deux fois! Nous examinons le hallier: une seule coulée se présente, encore faudra-t-il s'y traîner à quatre pattes: c'est la mort, à coup sûr, si nous nous laissons charger dans un pareil boyau! Mais la faim nous poussait aux actes les plus téméraires. Nous respirons longuement, et, échangeant des regards qui disaient des volumes, nous nous courbons sur les genoux. Je m'introduis sur la foulée avec des précautions infinies, retenant mon souffle, l'oreille au guet, essayant de distinguer quelque chose dans la pénombre: je ne vois que la brousse tachée de sang; je n'entends que les battements de mon cœur. Je pousse d'abord mon fusil, et ma personne ensuite. Nous franchissons ainsi quelques mètres; l'obscurité se faisait plus épaisse; tous mes sens étaient tendus aux dernières limites, les angoisses de l'attente devenaient insupportables; nul ennemi ne paraissait. Soudain un frisson glacé me parcourt de la tête aux orteils; mon compagnon me saisissait nerveusement par la jambe; reprenant mes esprits, je tourne la tête; les yeux de Brahim brillent d'un éclat démoniaque; de grosses gouttes de sueur perlent sur sa peau bronzée; je suis la direction de son regard: il est rivé sur un fouillis de branches. Le taureau est certainement là, à moins de trois mètres! Mais j'ai beau écarquiller les yeux, je ne le vois pas. Je les reporte sur Brahim, qui, affolé par la peur et la surexcitation, maudissait tout bas ma stupidité, de toutes les forces de sa sauvage nature. Revenant à la brousse, je concentre sur elle toute l'intensité de mon regard: il me semble que mon cœur va se rompre; je finis par distinguer quelque chose de noir: est-ce la

tête, est-ce la queue? Mais le moment était venu, et, allongeant à Brahim un coup de pied pour l'avertir d'avoir à se reculer pour me laisser le passage libre, j'empoigne fiévreusement ma carabine; je la relève, et, sans oser respirer, je tire sur la masse sombre. La détonation résonne dans le silence avec un bruit formidable, je laisse tomber mon arme, et, à quatre pattes, avec une célérité merveilleuse, je regagne la clairière, où je me relève aussitôt. Presque simultanément les buissons craquent, s'entr'ouvrent et nous montrent un énorme taureau noir; je prends ma course vers la plaine, Brahim se sauve dans la forêt. Par bonheur, c'est notre premier buffle; en terrain découvert, je saurai bien me garantir de ses cornes; et je retrouve en même temps le souffle et le sang-froid.

Le buffle était blessé à mort, j'en étais sûr; il ne fallait pas qu'il fût perdu pour ma troupe. Nous distinguons sans peine les traces de son sang dans le broussis moins épais; bientôt nous le voyons lui-même, debout, l'œil en feu, prêt encore à charger l'ennemi. Il s'élance de nouveau, de nouveau nous fuyons à toutes jambes. Mais il semble ne s'aventurer qu'avec répugnance plus loin du couvert; pour la troisième fois il tourne tête sur queue et réintègre son abri; nous le suivons comme des limiers. Renonçant au combat, il se dirige maintenant vers les profondeurs de la forêt; nous nous pressons en silence sur ses foulées; d'un coup d'œil, d'un mouvement du doigt, nous nous montrons une goutte vermeille, une empreinte toute récente. La première partie de la route était comparativement libre de sous-bois, nous marchions assez vite, sans crainte de nous trouver inopinément nez à nez avec notre gibier; mais au bout de deux heures de chasse, pendant lesquelles nous l'avions parfois serré de très près, nous arrivons à des fourrés épais. L'animal, très affaibli sans doute, s'y cantonnera pour reprendre haleine; les taches de sang sont tout à fait fraîches. Nous poursuivons notre route sinueuse, courbés en deux, souvent à quatre pattes. Dans un petit tunnel, ou plutôt à l'entrée de ce qui ressemblait à un tunnel, la position devint assez difficile. Brahim, cette fois, avait pris les devants; nous nous glissions sans bruit, comme de noirs fantômes, quand je vis son corps se raidir, son oreille s'incliner légèrement, sa pose tout entière dénoter la plus profonde attention: je regarde, j'écoute, sans percevoir le moindre signe de la proximité du taureau; mon imagination avait toute carrière de se représenter celui-ci dans les attitudes les plus effrayantes. Je me rendais bien compte que nul pouvoir humain ne saurait nous sauver si l'animal prenait ce moment pour nous courir sus. Brahim, enfin, donne signe de vie. Avec les plus minutieuses précautions il se coule en arrière, me laissant la place d'honneur, et me disant des yeux que la bête n'était pas loin. Je me sentais terriblement surexcité. Où était le taureau? Devant? à droite? à gauche? Pouce par pouce je rampais sur le sol, me préparant du mieux que le permettait ma posture; de temps à autre, mes yeux essayaient de percer les ténèbres et la feuillée épaisse; j'écoutais le silence. Soudain, comme Brahim, je reste pétrifié : un son prolongé, comme un soupir de souffrance, arrive à mon oreille ; mon cœur cesse de battre, à suffoquer, je retiens mon haleine pour tâcher d'entendre encore les vibrations de l'air. Encore! les voilà ; je ne réussis pas à les localiser, mais, je n'en doute pas, quelques pieds seulement me séparent de ce plus redouté des adversaires. Est-il en face de moi? debout à mes côtés? Je n'osais plus bouger; tournant un peu la tête, je regardai Brahim, et le sourire lugubre que nous échangeâmes disait clairement notre opinion au sujet du guêpier où nous étions : cette courte minute nous sembla durer des heures. Il fallait pourtant se décider à quelque chose! J'écarte une petite branche : un mugissement me répond, tout près ; la brousse craque, le taureau se redresse ; je me précipite au beau milieu d'un buisson, pour me garantir du premier choc. Mais le bruit de rameaux cassés dans la direction opposée nous remet le cœur au ventre ;

Cascade de l'Ouroua. — Œuvre reproduite à l'échelle réduite.

on s'essuie le visage, on reprend haleine, nous voilà repartis!

Je commençais à croire mon honneur attaché à ce succès, et j'étais prêt à jurer par toutes les choses sacrées qu'il fallait, ou périr, ou rejoindre le buffle. Peu à peu nous nous en rapprochons encore; Brahim, dont l'ouïe et la vue ont une merveilleuse acuité, le signale derrière un broussis très épais; je parviens à en découvrir la tête; je vise, je fais feu; dès que la fumée se dissipe, nous voyons le taureau s'élancer avec une impétuosité terrible au centre du fourré : je tire encore; il lutte de plus belle pour traverser le hallier. Paralysé par ce spectacle, j'oublie de recharger ma carabine; mais la résistance du sous-bois, mais ses énormes cornes s'opposent à ses furieux efforts; il recule; sans doute il va tourner l'obstacle et arriver sur nous! Non : il se retourne et s'éloigne à grands pas; je le salue d'un autre coup de feu dans le flanc; il pirouette sur lui-même; nous disparaissons derrière un arbre. Il reprend sa course, et nous après lui, une fois même presque à le toucher; mais au bout d'une demi-heure de ce nouvel exercice il fallut, à ma grande mortification, penser à regagner le bivouac, car la nuit allait tomber.

Si j'ai conté avec tant de détails une aventure de si minime importance, c'est pour donner au lecteur quelque idée des chasses au Lykipia, et de la ténacité de vie des buffles africains : je ne plaçai pas moins de six balles, dont quatre presque à bout portant, dans le corps de notre animal; pourtant, après quatre heures de poursuite, je dus revenir bredouille.

Le lendemain je descendis le cours de l'Ourouroa pour en visiter la cascade. Elle m'impressionna vivement par le bruit formidable de ses eaux, dont la masse superbe plonge par une chute de plusieurs centaines de pieds au fond d'une gorge sinistre et noire.

Le jour suivant, dissimulés sous l'ombre protectrice de la forêt, nous arrivons à midi près des pâturages massaï sans avoir été signalés. Mais bientôt les guerriers accourent de tous côtés, seuls ou par couples, plus insolents que jamais, et se dispensant même des salutations habituelles à leur peuplade.

Leur impudence ne connaissait pas de bornes : appuyant leurs piques sur ma poitrine, ils réclamaient à grands cris des paquets de verroterie ; puis, comme des hyènes, se battaient pour leur possession ; les fils se rompaient, les perles s'égrenaient sur le sol. Escortés de leurs troupes, et le cœur plein d'inquiétude, nous traversâmes une contrée bien arrosée, les pentes inférieures de l'épaulement nord des monts Aberdare, pour camper sur les rives du Ngaré Sougouroi.

Les Massaï étaient ici en fort grand nombre, impudents, nauséabonds à nous rendre fous : sans cesse il me fallait m'asseoir sur la sellette, serrer leurs mains sales, exhiber mon dentier, cracher généreusement sur eux.

Ces jeunes héros me demandèrent une « médecine » afin de les rendre braves. Donc je fis leur photographie : le plus puissant de mes « daouas » (sortilèges), excellente, unique occasion d'enrichir ma collection de la portraiture d'un certain nombre de Massaï.

Médecine aussi contre la peste : pour ce, j'ouvre ma petite boîte à médicaments, laissant voir la rangée de fioles ; je sors mon sextant ; je mets une paire de gants de chevreau, conservés par je ne sais quel hasard, et qui produisirent une profonde impression sur les naturels ; faisant ensuite semblant d'examiner les flacons avec le soin le plus minutieux, je choisis deux d'entre eux, en verse le contenu dans un verre, puis, des « sels d'Eno » sous la main, je marmonne mon incantation : n'importe quoi. Mes préparatifs terminés, et Brahim ayant épaulé son fusil, je laisse tomber le sel dans le mélange. Brahim tire : ô prodige ! le gaz acide carbonique monte dans l'eau en milliers de petites bulles et s'élance en sifflant dans les airs : les naturels reculent épouvantés. Puis je plonge dans le liquide de petits bouts de papier, je crache à la ronde sur tous les spectateurs et leur distribue les papiers : remède infaillible et garanti comme ne ratant jamais.

Troisième médecine, cette fois pour le lybon du lieu, messire Lekibès, qui veut devenir plus puissant ; quatrième, pour accroître la fécondité des femmes, car le pays se dépeuple rapidement par suite des guerres et des famines. Les dames au teint brun, les matrones et celles qui demandent à l'être, défilent devant moi, et, avec toute la grâce dont je suis capable, je crache sur chacune d'elles, avec le secours de quelques gorgées d'eau.

En dépit de ces triomphes à la Cagliostro, ma grandeur ne me rend pas heureux : impossible de prendre congé ; impossible même d'aller en chasse ; il faut se contenter de la plus écœurante des nourritures, et me voir dépouillé presque jusqu'à mon dernier fil de perles. Les guerriers se querellent du matin au soir,

et le plus chétif incident pourrait causer notre perte. Les Massaï qui habitent plus loin ne veulent pas nous livrer passage avant d'avoir longuement discuté le pour et le contre de la chose. Quelques milles seulement me séparent de la base du mont Kénia, mais ces quelques milles, vont-ils nous les laisser franchir ?

Enfin, après quatre jours de geôle, on finit par lever l'écrou. Nous traversons une chaîne d'où l'on a une vue splendide de la grande montagne, et vers midi la caravane atteint le Ngaré Gobit qui descend du Poron ; nous en suivons le cours pour pénétrer dans une combe très profonde, toute brillante de magnifiques calodendrons et d'arbustes aux fleurs exquises, le *mourdjou* entre autres, « l'arbre à poison » du pays. L'air est chargé de parfums.

Au Ngaré Gobit le sol devient plus léger, plus friable et plus sec ; nous redescendons à dix-huit cents mètres, et la végétation se transforme en conséquence ; au lieu des genévriers, podocarpus, bambous et bruyères du district de Dongeli, on voit les calodendrons, les arbustes à fleurs et les autres plantes qui caractérisaient le Ngongo-a-Bagas.

A l'orée de la vallée du Gobit, dans les plaines du Guaso Nyiro, nous faisons halte près d'un village andorobbo. Nous dûmes y passer un jour ; le lendemain, le cœur débordant de gratitude et d'orgueil, je donne l'ordre de camper dans un coude du Guaso Nyiro : j'avais enfin atteint la base du mont Kénia. Mon œuvre était accomplie, et maintenant, jetant un long regard sur la terrible route qui m'avait mené au but, et me remémorant la façon dont je m'étais ouvert une voie à travers tant d'obstacles, je n'accordai plus à toutes ces épreuves qu'un sourire presque dédaigneux.

Nous sommes maintenant à une altitude de dix-sept cents mètres, qu'on peut considérer comme l'élévation moyenne de la plaine au milieu de laquelle se dresse le Kénia. Le mont lui-même est évidemment d'origine ignée, et la contre-partie du pic Kimaouenzi du Kilimandjaro. Mais ici le cône est resté simple et parfait de formes, jusqu'à la hauteur de quatre mille six cents mètres, deux mille neuf cents au-dessus de la base, l'angle d'inclinaison est extrêmement obtus : dix à douze degrés. A quatre mille six cents mètres, le cône jaillit soudain à une hauteur qui dépasse mille mètres. On distingue à la base deux petits renflements et, plus au nord, une bosse massive. Les flancs de la pyramide supérieure sont tellement escarpés, que, dans plusieurs endroits, la neige ne s'y peut maintenir ; çà et là les roches noires semblent percer le blanc manteau, d'où son nom massaï de Donyo Egérè (mont gris ou tacheté). A part ces légères déchirures, il recouvre le pic tout entier, et s'étend à quelque distance au delà, y compris la protubérance arrondie du nord. On dirait une énorme stalagmite blanche posée sur un large soubassement noir dont les flancs vont se perdre dans le vert intense des forêts étendues à ses pieds.

Le versant ouest, le côté d'où nous regardons le

Le mont Kénia vu de l'ouest (voy. p. 332 et 334). — Dessin de A. de Bar, d'après une gravure de l'édition anglaise.

Kénia, est complètement inhabité. Seuls les Andorobbo errent dans les forêts désertes à la poursuite du buffle et de l'éléphant, leur principale nourriture; ils vendent l'ivoire aux traitants et se procurent ainsi les perles et le fil de métal dont ils aiment à se parer. Les pentes méridionales sont occupées par les Oua-Kikouyou, les pentes orientales par les Oua-Daicho, une tribu dangereuse et de difficile abord dans ses forêts épaisses.

Au nord du Kénia, un contrefort peu élevé court dans une direction septentrionale, séparé du grand mont par le Guaso Nyiro : c'est le Donyo Kudika; autrement dit : « en queue de cochon », à cause de la façon dont il s'éloigne du Kénia et qui rappelle aux Masaï les mèches très tordues de la chevelure de leurs guerriers.

Quelques méchants ruisselets sourdent à l'est et au nord; mais, comme au Kilimandjaro, il s'en écoule sur le versant sud un très grand nombre qui portent un énorme volume d'eau au Kilaloumi ou fleuve Tana : celui-ci prend sa source sur la lisière des hautes terres du Kikouyou, au-dessus du lac Kaivacha.

Le Guaso Nyiro, sur le bord duquel nous campions, est un torrent assez considérable, qui égoutte presque en entier le district du Lykipia, les monts Aberdare, le nord et l'ouest du Kénia et coule vers le nord-est dans le pays des Gallas jusqu'au Lorian, que les uns disent être un lac, les autres un pays.

Escarpement du Lykipia. — Gravure empruntée à l'édition anglaise.

J'étais donc arrivé au pied même de la glorieuse montagne, mais je dus renoncer à tout espoir de la gravir : il fallait au plus tôt en finir avec ces Masaï. Mes marchandises étaient à bout, et, par suite, les guerriers absolument réfractaires; les poudres effervescentes n'avaient plus le charme de la nouveauté; mes deux fausses dents ne leur suffisaient plus : ils voulaient maintenant me voir accomplir la même opération sur mon nez. Un des guerriers s'aventura même à le saisir, croyant qu'il allait céder sous sa main : je pris une physionomie sévère et indignée, menaçant le coupable d'appeler sur sa tête la colère des dieux; il s'empressa de déguerpir, et moi d'enlever la marque graisseuse de ses doigts. Du reste, on venait de m'apprendre que le pays est désert entre le mont Kénia et le lac Baringo : une fois hors des griffes de ces aimables Masaï, nous n'aurions plus rien à craindre.

Impossible de retarder le départ : les traitants qui m'avaient suivi jusque-là s'étaient arrangés avec les Andorobbo pour disparaître dans la forêt, où ils seraient en sûreté; ils tâcheraient ensuite de regagner Mianzi-ni et d'y attendre le passage de Jumba. Mais j'eus le bonheur de trouver au Guaso Nyiro un frère de mon excellent ami Al-Héri. Nous liâmes connaissance tout de suite; il me conseilla, pour peu que je tinsse à la vie ou à ma liberté, de ne pas rester un jour de plus, mais de m'esquiver cette nuit même, promettant, pour l'amour de son frère, de me conduire une partie du chemin. Nous partîmes à l'heure dite; mais l'obscurité était si épaisse, le sentier tellement encombré de plantes épineuses, que, arrivés à une certaine distance, nous dûmes faire halte jusqu'aux premières lueurs de l'aube. Ma petite troupe, alors, s'éparpilla un peu, pour ne pas laisser de traces trop distinctes, et nous arpentâmes le terrain à longues enjambées. Nous avions passé la contrée découverte et enfilions un sentier de forêt, où nous reprîmes haleine, sans pourtant oser nous arrêter. Nous fîmes ainsi, d'une traite, une quarantaine de kilomètres, jusqu'à un ruisseau ou plutôt un chapelet de petites mares, Elgejo-la-Sikira (le ruisseau des Cauries), le mieux approprié des noms, ces minuscules étangs rappelant fort bien un cordon de ces coquilles.

Ici je dus prendre congé de mon généreux guide, qui, pour nous venir en aide, s'exposait aux plus grands périls. Il eut la précaution d'aller d'un autre côté, en visite chez des parents, afin de faire perdre la piste aux gens de sa tribu. Il nous laissait dans une position singulière : dans une contrée déserte, infestée par des rôdeurs Oua-Souk et Masaï, nous dirigeant presque au hasard vers le lac Baringo, au milieu d'une forêt où il n'existait pas de sentiers, et sans avoir absolument rien à nous mettre sous la dent. Il est vrai que le gibier ne manquait pas, et l'idée seule d'avoir échappé à ces terribles Masaï suffisait à nous tenir en joie.

Notre troisième étape nous amena au Guaso N'Erok (la rivière noire). C'est l'Ourourou dont j'avais déjà fait connaissance et qui change de nom au-dessous de la gorge où se précipite la cascade de Thomson. Elle coule ici dans une vallée profonde, flanquée à l'est par une région élevée et montueuse, continuation des hautes terres du Dondold.

La marche du lendemain fut terrible, sous la pluie et au travers de la plus inextricable des forêts. A midi nous arrivons cependant à la petite et montueuse vallée de Marmonet, où le chemin devient un peu meilleur. A l'étape suivante nous descendons le versant ouest du plateau du Lykipia; l'espoir me revient au cœur à la vue d'un petit ruisseau et de sa vallée, qui, évidemment, vont nous conduire au lac Baringo : le Guaso Tin, sans doute. Nous dévalons d'abord une étroite gorge, puis nous en trouvons une seconde, coupant la première à angle droit, et dans laquelle le tor-

rent se précipite d'une hauteur de cent vingt mètres par une série des plus jolies cascatelles qui soient au monde.

Un peu plus loin, le Kénia apparaît un instant; puis, avec une joie sans bornes, nous émergeons subitement de l'épaisse forêt pour nous trouver sur le rebord même de la grande crevasse que nous avions quittée à Kékoupé : le Baringo miroite presque sous nos pieds, mais à plus de mille mètres de profondeur. Il se trouve au centre d'une longue dépression élevée de mille mètres au-dessus du niveau de la mer, large de près de quarante kilomètres, bordée de formidables remparts qui s'élèvent à une hauteur de deux mille sept cents mètres. Au milieu du lac, qui a la forme d'un

Femmes de Ndjampa (voy. p. 396). — Gravure empruntée à l'édition anglaise.

ovale irrégulier, émerge au-dessus de l'eau une île pittoresque, entourée de quatre jolis îlots.

Tels le lac et ses alentours; plus loin, les montagnes qui forment le rebord opposé de la cuvette constituent une chaîne étroite et dentée en scie, le Kamasia. Il s'éloigne sous un angle assez aigu de l'escarpement du Maü : celui-ci est la vraie contre-partie des hauteurs d'où nous le regardons aujourd'hui. Sous le nom d'Elgueyo, le Maü se prolonge derrière le Kamasia, puis, semblable à une vague énorme qui se dresse avant de déferler sur la rive, elle monte encore et forme un vaste et puissant bastion, les massifs du Maragouet et du Chibtcharagnani, qui s'articulent à angle droit sur la chaîne primitive. L'auge étroite au fond de laquelle brille le Baringo s'évase considérablement vers

le nord; pourtant, à quelque distance, la pittoresque barrière des monts Souk est jetée en travers et semble la barrer presque entièrement. Çà et là au nord du lac se montrent nombre de collines moins apparentes; là-bas, dans l'horizon lointain, se dessinent divers massifs isolés qu'on m'a dit être les monts du Tourkan (Elgoumi), du Nyiro et du Lorisan.

Il ne restait plus qu'à descendre au Baringo : deux heures y suffiraient, pensai-je. Hélas ! à nos pieds la falaise plongeait à pic ; le plus audacieux n'aurait osé en tenter l'aventure. Nous suivons la lisière du précipice, et, après une heure de recherches, nous découvrons une ligne sinueuse et à peine marquée, le passage de quelque animal se rendant à l'aiguade. Brahim, Songoro et le cuisinier m'accompagnaient. Je leur donne l'ordre d'attendre Makatoubou et les autres retardataires, et je pars en avant, pour explorer le sentier : la descente fut extrêmement hasardeuse, mais j'y mis toute la prudence possible et réussis à atteindre le fond sans accident. Makatoubou me héla du sommet, et je crus comprendre à ses signes qu'il avait trouvé une autre route. J'étais seul et sans armes, mais parfaitement tranquille, car je m'attendais à recueillir mes hommes un peu plus loin, au bas de quelque coulée de bête sauvage; mais j'eus beau explorer le terrain bouleversé, où la marche était extrêmement difficile, je ne découvris pas le moindre sentier par lequel mes gens pussent descendre. La journée s'avançait, et je commençais à me sentir mal à l'aise. J'avais beau appeler mes camarades, l'écho railleur me répondait seul; mon assurance m'abandonnait, il me semblait que la peur allait m'envahir; tout espoir de rencontrer Makatoubou s'était évanoui, et je retournai en toute hâte sur mes pas. Peut-être, après tout, mes trois autres compagnons m'avaient-ils suivi. Je poussai des cris avec un renouveau d'énergie; je n'y gagne que de redoubler mon excitation nerveuse. Mourant de faim et très las, je me voyais égaré pour tout de bon, sans moyen de défense, car : rien pour me restaurer. Je cher-

Notre campement à Ndjampa. — Gravure empruntée à l'édition anglaise.

chais des yeux quelque arbre où je pusse brancher pour la nuit. Avant de m'y décider, pourtant, je réunis toutes mes forces pour pousser un formidable ohé! L'un après l'autre les échos du lac me rapportent les vibrations de ma voix. J'écoute; j'écoute longtemps sous ce grandiose silence; je sens le cœur me manquer. Un coup de fusil résonne à mes oreilles comme la plus douce des musiques, et tout joyeux je m'élance dans la direction du bruit. Une autre détonation frappe l'air, et quelques minutes après, grimpé sur une éminence, j'appelais éperdument Brahim, Songoro, le cuisinier, que je venais enfin d'apercevoir; ils avaient suivi le même sentier que moi, mais je ne sais comment nous ne nous étions pas retrouvés.

Quoique très fatigués et les pieds tout en sang, nous faisons les plus énergiques efforts pour sortir de ce défilé, où la marche déjà pénible est rendue plus difficile encore par la pluie qui tombe à torrents. Mais la nuit vient : il faut camper où nous sommes; il ne nous reste plus que trois allumettes; Brahim est assez heureux ou assez adroit pour faire prendre la troisième, et dans notre dénûment nous avons la consolation de pouvoir nous réchauffer à un feu vif et pétillant.

Le lendemain, nous repartons dès l'aube.

Il fallut marcher pendant six heures sur le plus détestable terrain que j'aie jamais traversé, avant d'atteindre les pâturages des Oua-Kouafi de Ndjampa, où nous trouvâmes quelques pâtres qui nous mirent dans le bon chemin. Traversant une jolie rivière sur un pont de construction primitive, nous atteignîmes Ndjampa Mdogo (le petit), où Mouhiani rencontra d'anciennes connaissances. Une heure après, nous approchions des confins de Ndjampa Mkonbou (le grand). Nous tirons notre dernière cartouche, nous passons ensuite le Guaso Tiguiriak, et nous fixons enfin notre

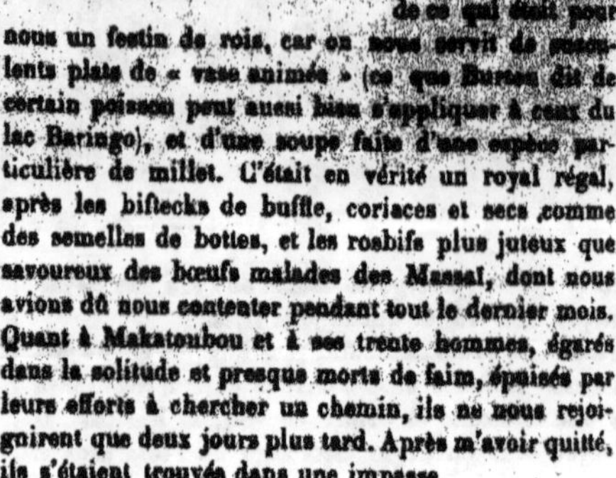

soirée dans notre campement. Sous un frais sycomore s'élevait une jolie petite cabane près de la-quelle nous attendaient Martin et ses hommes, nous trouvant sains et bien portants, mais tourmentés par de cruelles inquiétudes sur notre camp. Il y avait trente-quatre heures que nous n'avions rien mangé, mais nous allions bientôt prendre notre part de ce qui était pour nous un festin de rois, car on nous servit de succulents plats de « vase animée » (ce que Burton dit de certain poisson peut aussi bien s'appliquer à ceux du lac Baringo), et d'une soupe faite d'une espèce particulière de millet. C'était en vérité un royal régal, après les biftecks de buffle, coriaces et secs ,comme des semelles de bottes, et les roasbifs plus juteux que savoureux des bœufs malades des Massaï, dont nous avions dû nous contenter pendant tout le dernier mois. Quant à Makatoubou et à ses trente hommes, égarés dans la solitude et presque morts de faim, épuisés par leurs efforts à chercher un chemin, ils ne nous rejoignirent que deux jours plus tard. Après m'avoir quitté, ils s'étaient trouvés dans une impasse.

Traduit et condensé par Frédéric BERNARD.

(La suite à la prochaine livraison.)

Kraal massaï (voy. p. 338). — Dessin de Y. Pranishnikoff, d'après une gravure de l'édition anglaise.

AU PAYS DES MASSAÏ

(AFRIQUE CENTRALE),

PAR M. THOMSON[1].

TEXTE ET DESSINS INÉDITS.

X

LA MASSAÏE ET LES MASSAÏ.

Le désert. — La région fertile. — Climat. — Race. — Habitations des Massaï. — Enfance d'un guerrier massaï. — Sa jeunesse. — Son éducation. — Ses débuts de guerrier. — Chez les guerriers. — Les bijoux d'une demoiselle. — L'équipement de guerre. — La razzia. — Partage du butin. — Un homme rangé. — Les Massaï sédentaires. — Les Andorobbo. — Chasse à l'éléphant.

Après tant de semaines de fatigues, de dangers et d'ennuis, je savoure un repos bien gagné. Nous sommes au milieu d'indigènes dont l'honnêteté, l'absence de toute prétention et les mœurs paisibles rappellent ceux du Taveta, leurs cousins éloignés. Enfin, et j'apprécie vivement ce bonheur, nous reprenons haleine à l'abri des guerriers massaï, de leur arrogance et de leurs exactions. Je vais et viens sans fusil, sans escorte; je m'endors sous les sycomores ombreux, bercé par le babil du Guaso Tiguirish. Ces circonstances se prêtent merveilleusement à la méditation. Je m'imagine planer en ballon au-dessus du pays et tâche de me rendre compte de sa physionomie générale; ou bien ma rêverie se porte sur les mœurs étranges de la peuplade qui l'habite. Le lecteur voudra bien me permettre de lui donner ici le résumé de ces réflexions.

Le pays des Massaï est nettement partagé en deux régions absolument distinctes : au sud, le désert; au nord, le plateau. Le premier, comparativement bas, bien que l'altitude y varie entre neuf cents et douze cents mètres, est stérile à l'extrême; non que le sol y soit plus ingrat qu'ailleurs, mais les pluies y sont rares. L'acacia et le mimosa croissent seuls dans ces tristes plaines, à peine arrosées par de petits ruisseaux bientôt perdus dans les sables. Nulle rivière ne le traverse. Des inflorescences salines, laissées par l'évaporation des sources salées, y recouvrent d'immenses surfaces : tels la plaine du Ndjiri et le formidable désert du Noguilani. Qu'on n'aille pas se figurer cependant une plaine uniforme et monotone : le regard y rencontre la masse énorme du Kilimandjaro et le cône du mont Mérou, puis l'amphithéâtre des collines du Guelei et du Guaso N'Ebor, qui se rattachent au Ndapdouk et au Donyo Erok. Enfin plus loin, vers l'ouest et vers le nord, apparaissent le Donyo-la-Nyouki, le Donyo Longonot et les collines du Ngourouma-ni.

---

1 Suite. — Voy. pages 289, 305 et 321.

Cette contrée a la forme d'un triangle, dont le sommet, dirigé vers le nord, se trouverait à une cinquantaine de kilomètres de l'équateur; au delà elle se prolonge vers le lac Baringo par une dépression profonde et irrégulière. Elle est presque tout entière inhabitée, sauf à la base des montagnes.

De chaque côté de cette profonde dépression, où s'égrènent les charmants lacs de Naïvacha, d'Elmeteita, de Nakouro et de Baringo, s'étendent les deux versants du grand plateau du pays des Massaï. D'une altitude de plus de deux mille sept cents mètres sur les bords de cette fissure médiane qui les sépare précisément suivant leur ligne de faîte, ils s'inclinent progressivement de chaque côté jusqu'à celle de quinze cents mètres, qu'ils atteignent sur les bords extérieurs. A l'orient se dressent le pic neigeux du Kénia et la chaîne pittoresque des monts Aberdare, celle-ci presque parallèle à la ligne de dépression.

Il n'y a peut-être pas dans toute l'Afrique, et même en Abyssinie, de plus admirable région. Quoique à une altitude moyenne de dix-huit cents mètres, ce n'est pas encore la montagne, mais une suite d'ondulations harmonieusement rythmées. Rien n'y manque de ce qui peut constituer le plus gracieux des paysages : massifs d'arbrisseaux fleuris, bouquets de grands arbres, traînées de forêt; tantôt on traverse un vaste parc dans les clairières duquel errent des hardes de gibier; tantôt, de riches pâturages où de grands troupeaux de bœufs, chèvres et moutons plongent jusqu'au genou dans l'herbe savoureuse. Toute la contrée est enserrée entre les mailles d'un véritable lacis de ruisseaux : ceux du Lykipia, qui forment le mystérieux Guaso Nyiro; ceux du Kikouyou, le Tana qui coule vers l'océan Indien par le pays des Gallas; plus au sud, les eaux réunies de ceux du Kapté, qui prennent le nom d'Athi, et, à travers l'Ou-Kambani, vont rejoindre le Sabaki.

Le Kikouyou occupe les plus hautes terres de la moitié orientale du plateau, qu'il coupe diagonalement au sud même de l'équateur. Quelques-unes des régions élevées se recouvrent de bamboulaies épaisses : de là le nom souahéli d'un des lieux de ravitaillement des caravanes, Mianzi-ni, le pays des bambous.

Les pluies sont très rares dans toute la région occupée par le pays des Massaï; elles ne tombent guère que pendant les mois de février, de mars et d'avril.

Le reste de l'année, les plaines se transforment en aride désert. On n'y rencontre pas un seul de ces marécages où, en même temps que les exhalaisons pestilentielles, on respire les maladies et la mort. L'air est sec et salubre, en dépit de l'ardeur du soleil; les brises rafraîchissent le voyageur; la température très basse, parfois le froid piquant de la nuit, le remettent des fatigues d'une journée de marche sous l'éclat flamboyant du soleil. Le contraste semble même un peu violent : à l'aube, on se lève tout grelottant; autour de la tente, l'herbe est pailletée de gelée blanche; quelques heures après, et fondant en eau sous le plus léger des costumes, on se réfugie au plus épais d'un fourré, le thermomètre montant au-dessus de trente-deux degrés. Mais l'atmosphère est tellement sèche que ces brusques écarts de la température ne m'ont jamais nui.

Voilà pour le pays; passons à ceux qui l'habitent.

Les Massaï, ainsi que de savants philologues l'ont déduit de l'étude de leur langue, voisine de celles que parlent les tribus du Nil et du nord de l'Afrique, paraissent appartenir à la grande famille chamite. Ils ne sont, en tout cas, ni nègres ni alliés des peuplades Bantou avec lesquelles nous ont familiarisés les récits des grands voyageurs africains. Le développement de leur crâne, non moins que leur langage, leur assigne un rang plus élevé dans la série humaine.

La tribu des Massaï est partagée en une douzaine de clans, dont quelques-uns ont plus de « sang bleu » et sont tenus pour être de meilleure naissance que les autres. Les plus aristocratiques de ces clans sont ceux des Ngajé-Massaï, Molilian, Lyséré et Leteyo. Ce sont ceux dont le développement physique est le plus harmonieux, et chez eux la tête est sans contredit beaucoup mieux faite, le nez est moins déprimé et les lèvres moins épaisses. S'il n'y avait une légère tendance au prognathisme, et une obliquité des yeux qui rappelle le type mongol; si la peau n'avait pas revêtu une teinte d'un brun chocolat, et si les cheveux étaient moins disposés à friser, ils pourraient vraiment passer pour de très respectables Européens d'un type ordinaire. Les Ngajé-Massaï occupent le premier rang dans cette hiérarchie; on les trouve principalement aux environs du Kilimandjaro. La tribu qui offre la dégradation physique la plus marquée est connue des traitants sous le nom d'Oua-Kouafi. Ils paraissent être des métis de nègres, ainsi qu'on pourra s'en convaincre en examinant la photographie des Massaï du Lykipia. On se fera au contraire une idée de la belle prestance des Ngajé-Massaï en regardant la photographie d'une dame de haut parage du Ndjiri. Il n'existe pas la moindre cohésion entre ces divers clans; souvent en guerre les uns avec les autres, ils vivent cependant dans les meilleurs termes, tant qu'elle n'est pas déclarée. Leurs querelles n'engendrent point ces inimitiés profondes que nourrissent les nations demi-civilisées.

De la peuplade entière passons maintenant aux individus et à leurs mœurs. Mais, au lieu de les décrire en manière de catalogue, on me permettra de prendre un couple massaï à sa naissance et de le suivre à travers les diverses phases de son existence.

Pénétrons dans le kraal, entouré d'une forte enceinte d'épines pour le défendre de la visite des bêtes sauvages ou d'un coup de main de l'ennemi. Le bétail est parqué la nuit dans un vaste espace au centre et que l'on n'a jamais songé à nettoyer. Tout autour se pressent les huttes des habitants. Ces abris, à peine suffisants pour les protéger contre l'ardeur du soleil ou le froid des nuits, ne supporteraient pas l'examen d'une commission sanitaire. Chacun est long de trois mètres, à peine large d'un mètre cinquante centimètres et n'atteint pas un mètre dix centimètres en hauteur ; les parois sont faites de branches croisées et entrelacées, qu'on courbe et qu'on relie dans le haut de manière à former un toit plat à coins arrondis ; une couche de bouse de vache, plaquée d'une main généreuse, en exclut l'air et le vent. Cela suffit pour la saison sèche ; pour celle des pluies, on la recouvre de peaux de bœuf. La porte, des plus étroites, s'ouvre en manière de porche sur le grand côté de la hutte. Mais voici des commères affairées qui se dirigent vers l'une d'elles. Suivons-les. La maîtresse de céans est dans un état intéressant, et le dénoûment approche. Autour de son lit — une peau tannée étendue sur la terre nue — s'empressent les matrones, autant du moins que le leur permet la présence des veaux et des chèvres. Dans un coin, des calebasses ; dans un autre, une grande marmite de terre grossière ; les puces sautillent par milliers, et des myriades de mouches cherchent à cultiver l'intimité particulière des visiteuses.

L'événement s'est heureusement passé ; l'affaire, du reste, n'est pas considérée comme bien importante, sauf par la mère, qui vient d'apprendre avec une joie profonde que « c'est un garçon » ! Les filles ne sont pas en hausse chez les Massaï. Le lendemain la mère vaque comme de coutume aux devoirs du ménage, portant sur le dos son mioche, chaudement blotti sous la peau de bouvillon dont s'habillent ici les femmes.

Notre futur guerrier passe ses deux premières années comme tous les autres bambins du globe : il tette le sein de sa mère ; il parle ; il trouve ses jambes. Le voilà lancé dans le monde : il lui faut maintenant autre chose que du lait. On lui donne, pour s'exercer les dents, une grosse chique de chair de bœuf. Les gencives sont encore molles, la viande est dure comme du cuir, la ferveur du marmot extrême : les incisives cèdent sous l'effort, s'inclinent au dehors, et, pis encore, se séparant les unes des autres, ressemblent bientôt à des crocs ; les gencives prennent une teinte d'un bleu très foncé. Tout cela, il faut le dire, passe pour autant de beautés.

Notre Moran — pour l'appeler tout de suite par son titre de futur guerrier — est, au moins quand il ferme la bouche, un superbe garçonnet. Armé d'une flèche et d'un arc minuscules, il déserte déjà le tablier de sa mère et s'efforce de « singer » les grands. S'il rentre couvert de boue, sa mère se contente d'en rire ; jamais elle ne lui a infligé le supplice d'un récurage à l'eau froide et au savon. Parfois, dans un élan d'orgueil maternel, elle l'enduit d'une odoriférante mixture de graisse et d'argile ; et il sort de ces mains brillant d'une splendeur dont il est aussi fier que le moindre de nos gamins de sa première culotte.

Ainsi s'écoulent les années de l'enfant. Il monte d'un degré dans la vie et s'enrichit d'un arc réel, de flèches pour de bon : un carré de peau de brebis flotte sur son épaule gauche, laissant le corps entièrement nu ; il commence à cultiver, non pas sa moustache, mais les lobes de ses oreilles : il les étire, il les étend, il les distend tellement qu'il pourrait presque passer le poing par l'ouverture dont ils sont percés : ils finissent par lui toucher presque l'épaule. D'abord il y a inséré un fétu, puis un mince bâtonnet, peu à peu remplacé par de plus gros, jusqu'à ce qu'un cylindre d'ivoire de quinze centimètres pour le moins puisse y être introduit dans le sens de la longueur, et faire du lobe de son oreille une sorte d'étrier.

Femme mariée massaïe du Ndjiri. — Gravure empruntée à l'édition anglaise.

En attendant l'heureux jour où il entrera dans la classe des guerriers, notre héros mène paître chèvres et brebis ; il apprend la géographie pratique de la contrée, car les Massaï sont presque nomades et vont de lieu en lieu, en quête de pâturages pour leur bétail. Les ânes portent les pénates de la famille ; la mère suit, presque aussi chargée, et ayant, en outre, à construire la hutte quand on arrive. Durant cette paisible période, Moran n'a d'autre souci que d'écouter, le cœur palpitant, le récit des exploits de ses ancêtres, des légendes auxquelles se rattache l'origine de sa race ; celle-ci par exemple : Le premier ancêtre des Massaï fut un certain Kidenoï qui habitait le Donyo-Egèrè (mont Kénia) ; il était tout poilu et avait une queue. Tourmenté du démon des voyages, il quitta ses amis et marcha vers le sud. Les gens du pays, lui voyant agiter quelque chose dans une calebasse, en éprouvèrent tellement d'admiration qu'ils lui firent cadeau d'une épouse. Il en eut des enfants glabres et sans queue, d'où sont descendus les Massaï.

Enthousiasmé par ces récits, Moran s'exerce déjà à manier la lance. Mais il ne lui est encore permis que de s'escrimer contre les buffles et les antilopes. Malgré le mépris qu'elle lui inspire, il est encore obligé de se contenter de la pitance des femmes et des enfants : du lait caillé, du maïs, du millet et des pâtes insipides. Vers quatorze ans il commence à se donner une physionomie féroce et sanguinaire.

Enfin l'enfant devient homme : la circoncision lui confère la dignité de guerrier ; désormais c'est un vrai El-Moran. Son père, un homme cossu, veut l'équiper suivant toutes les règles : ils se rendent ensemble à quelque station d'Andorobbo, des gens de rien, qui chassent pour gagner leur vie, et sont, en conséquence, tenus en piètre estime par les Massaï, leurs aristocratiques cousins ; la vue de leurs nobles parents les fait trembler dans leurs sandales ; ils leur présentent quelque superbe bouclier de peau de buffle, admirablement travaillé, de forme elliptique, garanti soutenir le choc des lances. Le prix ! Le vendeur assure que c'est à peine si un taurillon gras le défrayerait du temps mis à le parfaire ; mais il lui faut se contenter d'un mouton maigre et d'un coup de pied. Les Massaï ne fabriquent eux-mêmes ni bouclier ni épée, quoiqu'il n'y ait rien au monde dont la possession les enorgueillisse davantage.

Puis nos gens retournent au kraal et mandent un El-Konono : ce sont de misérables ilotes tenus en dure servitude par la tribu, qui les emploie à forger ses armes. Ils ne vont jamais à la guerre et ne peuvent se marier dans la classe supérieure. Tous parlent la langue massaïe, quoiqu'ils se servent peut-être de quelque autre idiome pour converser entre eux. Un de ces malheureux à mine famélique paraît, portant toute une collection de formidables engins. Moran les examine avec un soin minutieux et se choisit une sorte de lance ou hallebarde dont le fer a plus de soixante-quinze centimètres de long, sur une largeur à peu près uniforme de cinq ou six centimètres, jusqu'au sommet, où il se termine en pointe très obtuse ; on le tient par une hampe de bois, de quarante centimètres, à l'extrémité inférieure de laquelle s'emmanche une pique longue de quarante-cinq centimètres. Une épée et le terrible casse-tête complètent la liste de ses armes.

Ces importantes emplettes terminées, notre héros s'occupe de se costumer d'une façon digne de son nouveau caractère. Il tortille d'abord toute sa chevelure en cordons très serrés, ceux qui retombent sur le front coupés plus court que le reste. Au lieu de l'extenseur en ivoire dont il se contentait pour ses lobes d'oreille, il y passe un ornement plus crâne, un gland de chat-

mettes de fer ; autour de son cou il met un large rouleau de fil de métal ; autour de ses poignets, de très jolies manchettes de perles ; à ses chevilles, une bande de fourrure de colobus ; une brillante couche de graisse et d'argile recouvre sa tête et ses épaules ; puis il revêt son manteau, ou plutôt son petit collet, une peau de chevreau très proprement chamoisée, de dimension fort exiguë, qui abrite le haut du torse et descend à peine au-dessous de la ceinture : voici notre Moran passé

> « Franc militaire,
> Prêt à l'amour, prêt à la guerre ».

Il ne lui reste qu'à franchir le pas le plus important de la vie d'un Massaï. Jusqu'à présent il habitait avec son père et sa mère dans le kraal des gens mariés, où on le regardait comme un jouvenceau sans conséquence. Aujourd'hui on le dirige sur une station éloignée, exclusivement réservée à la jeunesse des deux sexes.

Pour tenir son rang et lui donner de quoi vivre, son père le pourvoit d'un certain nombre de bouvillons. Bientôt il fait son entrée dans son nouveau séjour, au milieu d'une foule de jeunes sauvages aux formes les plus belles qui soient au monde.

Règle générale, je parle ici d'un des clans supérieurs, aucun des El-Moran n'a moins d'un mètre quatre-vingts. Leur aspect ne semble pas annoncer une très grande vigueur physique ; ils n'ont point les muscles charnus de l'athlète ; c'est plutôt le type apollonien : une mollesse de contours qu'on pourrait trouver presque efféminée. La tête est étroite du haut et du bas ; les pommettes saillantes, le nez bien formé et d'un profil assez régulier, les lèvres sont minces et bien dessinées, les yeux brillants, étroits et allongés comme ceux des Mongols. Les mâchoires sont rarement prognathes ; la chevelure tient le milieu entre celle de l'Européen et celle du nègre ; de poil ou de barbe, presque jamais ; les deux incisives médianes de la mâchoire inférieure sont arrachées ; point de tatouages, sauf cinq ou six raies tracées au feu sur la cuisse.

Tels sont les traits principaux des El-Moran. Passons aux demoiselles qui vont bientôt faire les yeux doux à notre héros.

Je n'ai certes pas vu de plus belles filles en Afrique.

Extenseurs d'oreilles des Massaï. — Gravure empruntée à l'édition anglaise.

Elles sont véritablement distinguées de manières et de tournure ; minces et bien découplées, elles n'ont pas le développement anormal de la région des hanches, si caractéristique des négresses ; malheureusement, leurs dents sont aussi mal rangées, leurs gencives aussi bleues que celles de leurs frères ou cousins. La tête, toute rasée, laisse voir un péricrâne reluisant. Leur costume est très décent, si cela peut se dire du cuir puant la graisse rance ; la robe est faite d'une peau de bœuf tannée et dont on a soigneusement enlevé le poil ; elle passe sous l'aisselle gauche et vient se fixer au-dessus de l'épaule droite ; un baudrier perlé la retient autour du corps, laissant ainsi un des bras nus ; souvent on la laisse glisser jusqu'à la taille et elle devient une sorte de jupon, découvrant entièrement la poitrine. Leurs atours mériteraient une description moins sommaire ; des fils de métal, de la grosseur de ceux du télégraphe, sont enroulés en spires serrées depuis le genou jusqu'à la cheville. Même ornement pour les bras, au-dessus et au-dessous du coude ; autour du cou, encore, mais cette fois les tours de fils s'étalant sur un plan horizontal : on dirait que la tête est posée sur un plat. La dame ainsi attifée doit l'être pour longtemps, car il faut bien des journées du plus pénible des labeurs pour tourner et mettre en place cette armature. Les femmes se l'infli-

gent presque depuis l'enfance ; le mollet ne peut se développer, et, dans l'âge adulte, la jambe conserve un diamètre uniforme de la cheville au genou : des échasses vivantes. Le poids total de ces brassards, cuissards et carcans varie suivant les moyens de celle qui les porte, et dépasse souvent une douzaine de kilogrammes, sans compter les quantités énormes de perles et de chaînettes de fer, disposées d'autre façon autour du cou.

Toute cette jeunesse vient entourer Moran, qui, en qualité de « béjaune », se verra exposé à de nombreuses brimades ; mais il ne se laisse pas troubler, et bientôt le kraal des guerriers n'a plus de mystères pour lui. En entrant, il a dû se soumettre à un régime très strict : de la viande ou du lait. Tabac à priser ou chiquer, bière et spiritueux, légumes et grains de toute sorte ; la chair de tous autres animaux que bœufs, moutons ou chèvres lui est absolument interdite ; en introduire la moindre bribe dans sa bouche serait perdre sa caste ; nulle offense plus sanglante que de lui en offrir. Et cette viande qui lui est permise, il ne doit jamais la manger dans le kraal, ni sous aucun prétexte la mêler avec le lait. Aussi, les premiers jours, se contente-t-il de cette boisson ; et, quand le besoin de nourriture animale devient par trop irrésistible, il se rend avec une demi-douzaine de camarades dans un lieu désert,

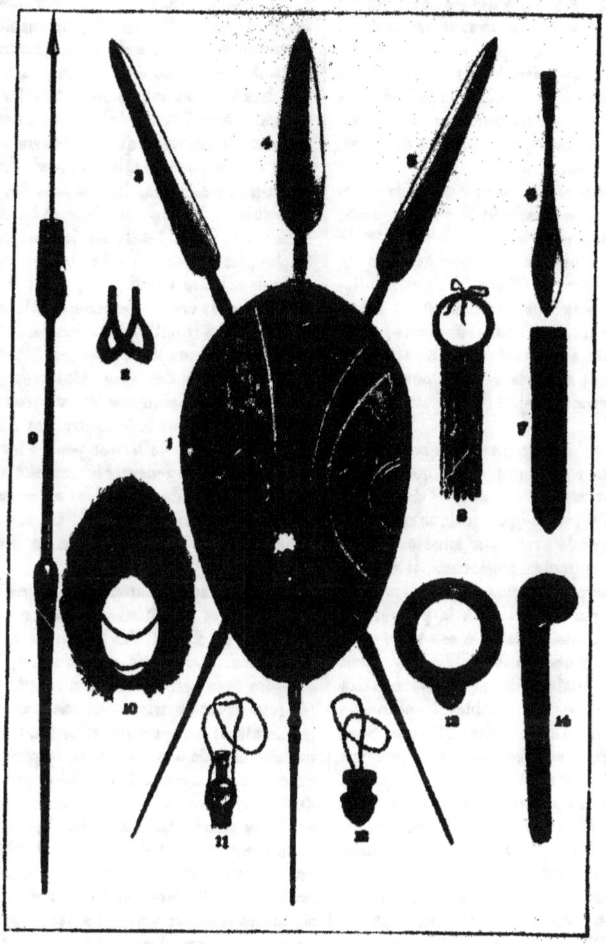

Armes des Massaï. — Gravure empruntée à l'édition anglaise.

1. Bouclier. — 2. Bracelet de corne. — 3, 5. Lances des Massaï du Nord. — 4. Lance des Massaï du Sud. — 6. Simé ou sabre. — 7. Fourreau de cuir. — 8. Collier. — 9. Arme des Andorobbo pour chasser l'éléphant. — 10. Coiffure de guerre en plumes d'autruche. — 11. Tabatière en ivoire. — 12. Boîte à tabac en corne. — 13. Collier de perles. — 14. Massue.

emmenant un de ses bœufs; une « ditto » les suit pour faire la cuisine. Au moyen d'un purgatif très énergique, ils s'assurent d'abord que leur estomac ne contient plus une parcelle de lait, puis ils tuent le taurillon d'un coup de roungou, ou en lui plongeant leur lance dans la nuque; ils ouvrent une veine et boivent le sang chaud : coutume aussi sage que répugnante, car ce sang fournit à l'économie des éléments qui lui sont nécessaires, les Massaï ne se servant jamais de sel pour assaisonner leurs mets. Après s'être largement abreuvés à cette rutilante cascade, ils se gorgent de chair du matin au soir, sans laisser à la ménagère le temps de se croiser les bras. En quelques jours l'animal tout entier y passe, puis ils retournent au kraal, reprendre leur diète lactée.

Sauf cette réglementation sévère en matière de nourriture, tout le reste est permis, tout le reste est licite, et ces kraals de jeunes guerriers pourraient, comme tel village des États-Unis, se réclamer du pom de « cités des libres amours ». Quoiqu'il ne soit nullement tenu à toujours porter ses attentions sur le même « objet », en général chacun se choisit une amie; quelquefois une jeune fille a plusieurs galants, et, chose surprenante, la légende ne parle ni de jalousie ni de querelles : la plus parfaite égalité règne entre les El-Moran et les ditto.

Donc, jusqu'à ce qu'on organise quelque coup de main, notre néophyte n'a d'autre souci que de lier connaissance avec ses camarades et de se divertir de son mieux. Son bétail est soigné par quelque misérable El-Konono, et, quoique le kraal soit situé à peu de distance de voisins non moins belliqueux, il est rare qu'on en vienne aux coups. Ces nids de guerriers n'ont point de clôture : ce qui les oblige à la plus stricte surveillance. Moran monte la garde à son tour, et se met au fait des devoirs d'une sentinelle. Le jour, après ses divers exercices militaires, il s'exerce les muscles par des danses laborieuses, semblables à celles que nous avons décrites lors de notre visite au Tavata. Sous certains rapports même, sa façon de vivre pourrait passer pour austère. Les Massaï ne connaissent pas les amusements bruyants, les sauteries au clair de lune, les chansons joyeuses, les tambours retentissants qu'affectionnent les tribus nègres : ils n'ont pas d'instruments de musique, pas d'autres chants que leurs invocations au Ngaï, ou ceux qu'on entonne au retour d'une razzia fructueuse : dès que les ténèbres s'abaissent, on place les veilleurs, on s'occupe de traire les vaches, puis le silence règne au campement.

Enfin on vient de décider une razzia vers la côte : un mois entier s'écoule en préparatifs. Par petites escouades les guerriers se retirent dans la forêt, et se gorgent de bœuf, dans l'espoir d'emmagasiner ainsi la plus grande provision possible de muscle et de férocité. Les mangeries terminées, le jour du départ choisi, les jeunes filles du kraal sortent avant l'aurore, portant des touffes d'herbe trempées dans de la crème de lait. Elles dansent en l'honneur du Ngaï, que les jeunes gens implorent de leur côté en braillant de temps à autre : « Aman Ngaï-aï! » Elles le prient de donner à l'entreprise une issue favorable, et jettent les brins de gazon dans la direction du pays ennemi. Mbaratien, lybon en chef des Massaï, a, de son côté, envoyé de puissantes médecines : c'est le moment d'entrer sur le sentier de la guerre. Moran procède ensuite à son équipement. Une ditto enthousiaste le seconde. D'abord elle lui fixe au cou, de manière qu'il puisse flotter au vent dans toute sa longueur, le naïbéré, la pièce de cotonnade décrite plus haut et que traverse une bande vivement colorée. Sur les épaules il met une cape bien fournie de plumes de milan; la mante de peau de chevreau qui lui couvre ordinairement le torse est étroitement pliée et passée autour de la taille en guise de ceinture, lui laissant les bras libres; la chevelure se partage en deux cadenettes, l'une tombant sur le front, l'autre sur le dos; des plumes d'autruche plantées dans un bandeau de cuir forment une sorte de coiffure elliptique, qui fait le tour du visage, du sommet du crâne au-dessous de la lèvre inférieure, et cachant les oreilles; aux jambes, des bandes flottantes de fourrure de colobus, qui, pendant la course, ressembleront à des ailes déployées. Le guerrier se barbouille ensuite d'une épaisse couche d'huile; il fixe solidement sur le flanc droit sa fidèle simé (ici il n'est pas d'usage de laisser pendre les épées), et passe à sa ceinture le redoutable casse-tête avec lequel il brisera le crâne de l'assaillant ou donnera le coup de grâce à l'ennemi déjà blessé. Le vaste bouclier à la main gauche, la lance à la main droite complètent l'équipement.

Moran et ses camarades ainsi armés en guerre se dirigent, avec une étonnante audace, vers la terre des Souahéli. Ils enfilent des sentiers dont seuls ils savent l'existence, et, arrivés près du but, se dissimulent dans les broussis. La razzia a réussi; nos jeunes héros retournent en triomphe; mais, avant de regagner les kraals, il faut partager le butin. On commence par prélever tant de têtes de bétail, la part du lybon Mbaratien, dont les conseils ont été si précieux et les médecines si efficaces; l'attribution du reste occasionne des rixes sanglantes. Les bravaches, les brouceurs, les matamores, ne consultant que leur avidité, s'emparent de tous les bestiaux à leur convenance et défient tous les autres de les leur venir disputer. La règle est que si, envers et contre tous, ils réussissent à défendre leur prise trois jours durant, elle leur est définitivement acquise. C'est alors que se livrent les vraies batailles de la campagne; il succombe plus de guerriers dans ces échauffourées que pendant la course en terre ennemie. Mais le bétail ainsi capturé ne reste point la propriété de celui qui s'en empare : un El-Moran n'a le droit de rien posséder; tout son butin appartient au père. On s'occupe alors des devoirs à remplir envers ceux qui ont péri dans la campagne. Les braves qui s'élancent au combat et tombent à la tête de leurs camarades sont seuls dignes des honneurs funèbres; aux

Guerrier massaï. — Dessin de Y. Pranishnikoff, d'après une gravure de l'édition anglaise.

morts de maladie suffit l'ignoble sépulture que leur donnent les vautours. On crie, on saute, on se trémousse, on bat des entrechats à la mémoire des héros.

La vie de Moran s'écoule ainsi, partagée entre la gloire et l'amour. Son port devient plus majestueux, sa physionomie plus féroce; tout, jusqu'à la curiosité, est grave et digne chez lui.

Mais Moran vieillit à son tour; la dose purgative qui sert de prélude aux mangeries commence à le fatiguer; décidément son estomac baisse, il doit songer à la retraite. Il a jeté sa gourme; il ne lui reste qu'à prendre femme et à devenir un respectable El-Morüü.

Il cherche autour de lui, se choisit une épouse à sa convenance et paye le nombre requis de bouvillons. Les voilà fiancés; mais le mariage n'aura lieu que dans la saison où naissent les veaux : boire du lait à cœur joie étant une des conditions essentielles de la lune de miel. En attendant, la belle laisse croître sa chevelure, et bientôt son crâne ressemble à une vieille brosse à souliers tout imprégnée de cirage. Autour de la tête elle place un diadème de cauris d'où pendent nombre de cordons : c'est le voile nuptial de là-bas. Enfin le grand jour arrive : les deux conjoints ôtent leurs boucles d'oreilles de métal et y substituent un double disque de fil de cuivre retourné en spirale. La dame rase à nouveau sa chevelure, quitte sa robe de ditto, pour la remplacer par deux peaux tannées, dont l'une est suspendue autour de la ceinture. Usage très bizarre, et sans doute établi pour notifier à tous présents qu'il échange la lance contre la quenouille : l'époux doit porter un mois durant le costume des jeunes filles.

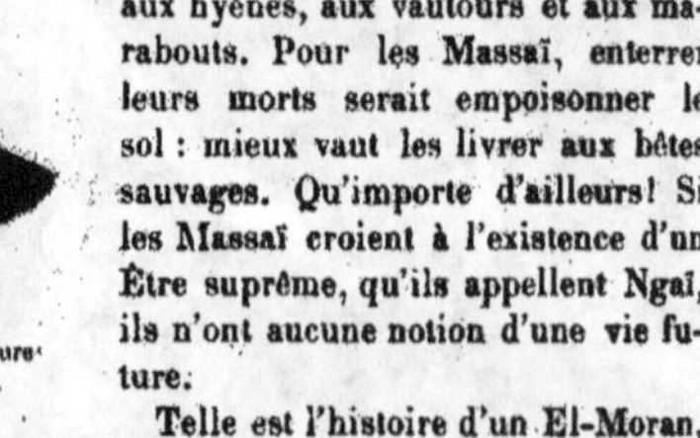
Femme mariée massaïe. — Gravure empruntée à l'édition anglaise.

Désormais l'occupation seule et unique du brillant guerrier d'autrefois sera d'élever le plus grand nombre possible de jeunes voleurs de bétail. Qu'il y en ait beaucoup à la case, cela lui suffit; il ne sera pas trop curieux des voies et des moyens. Point jaloux, point faiseur de questions indiscrètes, il n'a pas d'espions à ses gages. Si un ami vient lui rendre visite, il se montre hospitalier à un point qui nous semblerait dépasser les bornes. Nous imiterons ici son exemple, car les affaires de son ménage pourraient bien ne pas supporter un examen trop minutieux.

Il est devenu un tout autre homme : il ne vit plus de régime, et se repose parfois du lait et de la viande de ses troupeaux avec les légumes et les grains que sa femme va quérir chez les tribus agricoles du voisinage. Il se permet certain luxe : il a sa tabatière pour le tabac à priser, pour le tabac à chiquer, — jamais là-bas on ne fume — il a sa boîte d'ivoire ou de corne de rhinocéros, et en râpe lui-même le contenu, toujours mélangé de nitre, avant de le passer aux amis; il lui plaît par-dessus tout de boire gaiement avec ses voisins coupe sur coupe de bière ou d'hydromel.

Cette transformation de son mode de vivre amène un changement analogue dans sa manière de juger les choses. Il aime à causer avec les traitants, que naguère il se glorifiait de percer de sa lance ou d'accabler d'avanies, et, en signe de bon vouloir, pointe sur eux des jets de salive nombreux et abondants, politesse que les autres lui rendent de tout cœur. Il va jusqu'à exercer une tutelle amicale sur les trafiquants de passage, et, plus d'une fois, ses avis judicieux ont pu prévenir un désastre. Il donne à main ouverte, et souvent plus qu'il ne reçoit. On l'a vu même secourir des porteurs égarés ou soigner des malades que les caravanes avaient laissés sur leur route. L'adoucissement de ses mœurs réagit sur sa physionomie; son habituel froncement de sourcils disparaît peu à peu, pour être remplacé par une expression plus agréable et plus naturelle.

L'existence de Moran se passe maintenant en interminables palabres sur les plus triviales questions. Quand son épouse est devenue vieille et laide, il la dépouille sans pitié de tous ses ornements de métal pour en revêtir une plus jeune femme. Enfin l'échéance fatale finit par mettre un terme à leur existence. Le fils aîné de Moran est venu, a chargé les cadavres sur ses épaules et a été les jeter en dehors du kraal, les abandonnant en pâture aux hyènes, aux vautours et aux marabouts. Pour les Massaï, enterrer leurs morts serait empoisonner le sol : mieux vaut les livrer aux bêtes sauvages. Qu'importe d'ailleurs! Si les Massaï croient à l'existence d'un Être suprême, qu'ils appellent Ngaï, ils n'ont aucune notion d'une vie future.

Telle est l'histoire d'un El-Moran, telle que je l'ai extraite des conversations de ses camarades.

Avant de terminer ce chapitre, disons quelques mots d'une peuplade dont j'ai eu souvent à prononcer le nom, celle des Andorobbo. Cette tribu, les Oua-Ndorobbo des Oua-Souahéli, se compose d'un petit nombre de gens dispersés çà et là dans le pays des Massaï et qui trouvent dans la chasse leurs moyens d'existence; ils ne cultivent point la terre et ne possèdent pas de bétail. L'antilope, le buffle, l'éléphant leur donnent la chair dont ils vivent ou qu'ils échangent avec les produits des peuplades agricoles voisines. Les Massaï, pour lesquels ils sont une source continue de richesse, en attirant les trafiquants de la côte, leur accordent une sorte d'immunité, tout en s'arrangeant de façon à se faire une part considérable dans leur récolte d'ivoire. Les Andorobbo servent aussi d'intermédiaires pour procurer aux El-Morüü les grains et légumes qu'ils consomment.

Ils construisent de véritables villages et, sous le

Jeunes filles oua-kouafi (voy. p. 346). — Dessin de Y. Pranishnikoff, d'après une gravure de l'édition anglaise.

rapport physique, rappellent les clans inférieurs de la grande tribu. Ils fabriquent les superbes boucliers de cuir des guerriers et les marmites grossières dont les femmes font usage pour la cuisine.

Dans leurs chasses à l'éléphant, les Andorobbo emploient une arme particulière, qui rappelle de loin le refouloir d'un canon, la lourde tête servant à augmenter par son poids la force de projection. Dans la tige se place une sorte de flèche épaisse et courte, longue de trente-sept centimètres, et dont la pointe est enduite du poison mortel du *mourdjou*. La lance tout entière a près de deux mètres quarante-cinq. Avec ce javelot le chasseur attaque presque corps à corps le formidable gibier; il lui plonge la pique dans la chair, et la flèche, n'étant pas solidement fixée au manche, reste dans la plaie lorsqu'on retire l'arme pour la remplacer par une autre et recommencer l'opération. Un éléphant, paraît-il, ne saurait survivre longtemps à ces blessures.

XI

AU LAC NYANZA PAR LE KAVIRONDO.

Villages oua-kouafi. — Les rats. — Paysage du Kamasia. — L'Elgueyo. — Le Nandi et ses habitants. — Le Kavirondo en vue. — Aimables familiarités. — Les Oua-Kavirondo. — L'idéal du confort indigène. — Danse de jeunes filles. — Une riche contrée. — Koua-Soundou.

Les Oua-Kouafi de Ndjemps sont de race massaïe; mais, violemment séparés de leurs frères, la perte de leurs bestiaux les a forcés de rompre avec d'antiques usages, pour se vouer à la culture du sol. Cette colonie se compose de deux villages : Ndjemps du Guaso Tiguirish, près duquel nous campions, et Ndjemps du Guaso-na-Nyouki.

Les cases, très petites et mal construites, sont en forme de meule de foin; le plancher est au-dessous du niveau du sol. On les entoure d'une double palissade d'épines, source de dangers plutôt que de protection, car, dans ce climat absolument dépourvu d'humidité, elles sèchent comme de l'amadou et s'enflammeraient en un clin d'œil. Si l'assiégeant s'avisait de mettre le feu sur plusieurs points à la fois, les assiégés seraient bien vite rôtis.

Ils essayent vaguement encore de conserver quelque distinction entre les gens mariés et ceux qui ne le sont pas; en effet on n'exige guère de travail des jeunes

hommes; chacun d'eux se choisit sa belle avec l'aimable laisser-aller permis en Massaïe, mais ils n'ont plus de kraal distinct et il leur est impossible de se nourrir exclusivement de chair : pour peu qu'il en paraisse au village, ils savent pourtant s'attribuer la part du lion, et le bouvillon traditionnel sert à leur donner du cœur avant le départ d'une de leurs troupes pour la maraude.

L'existence de ces Oua-Kouafi est assez misérable. Le sol pourrait se prêter à n'importe quelle culture, sans l'extrême sécheresse de l'air et la très petite quantité de pluie, restreinte à une couple de mois. Pour y remédier autant que possible, les naturels ont établi un système d'irrigation merveilleusement ingénieux pour des sauvages : ils barrent par des digues le lit très encaissé du Guaso Tiguirish et en élèvent ainsi le niveau à celui de la plaine; un vaste réseau de rigoles répand l'eau précieuse sur leurs champs de millet et de melons, leur seule nourriture avec le peu qu'ajoutent la chasse et la pêche; si la viande se fait par trop rare, on ne dédaigne point les rats, qui pullulent ici par myriades.

Ainsi que les Oua-Taveta, les Oua-Ndjemps sont singulièrement probes et dignes de toute confiance. On met sous leur garde des marchandises coûteuses, des vivres non moins précieux, sans qu'on ait jamais à s'en repentir. Rien ne me surprenait plus que l'absence chez leurs jeunes filles de toute frayeur de l'homme blanc, la foi inébranlable qu'elles avaient en lui. Elles prirent possession de mes quartiers avec un sans-gêne absolu, se couchant sur le plancher comme une nichée de petits chiens, ou, curieuses comme des singes, furetant à l'envi dans toutes mes appartenances. D'aucunes, sans le moindre scrupule, venaient se percher sur mon genou, afin de me séduire par leurs caresses juvéniles : il s'agissait pour elles de me faire recommencer sans cesse ni trêve le divertissement aussi varié qu'agréable de sortir et remettre mes fausses dents, à leur étonnement toujours nouveau et toujours accompagné des marques les plus flatteuses de leur admiration. Martin, désireux de se rendre populaire à si bon marché et de gagner à son tour les attentions du beau sexe, voulait leur persuader que, non moins habile que le grand lybon, se couper un doigt et le replanter ensuite, était pour lui

Matrones du Ndjiriv (voy. p. 335 et 344). — Gravure empruntée à l'édition anglaise.

l'affaire d'un instant. Une des jeunes filles le prit au mot, et, sans l'avertir, au moment où il étendait le doigt pour le montrer à l'assistance, faillit le lui trancher d'un coup de couteau; Martin n'y revint plus.

Après l'intérêt qu'elles portaient à mes dents, venait le plaisir de se regarder au miroir. Les premiers jours, elles n'en comprenaient pas l'usage, mais, l'instinct féminin aidant, elles surent bientôt le consulter pour voir si colliers et pendants d'oreilles étaient à la place marquée.

Au milieu de ces gens simples le temps passait bien vite.

Avant mon arrivée au Baringo, mon ami Jumba Kimameta était parti pour le pays des Engobot, à deux cents kilomètres environ dans la direction du nord-nord-ouest; mais il avait laissé au camp plusieurs vieillards, beaucoup de vivres, des ânes, etc., qu'il devait reprendre lors de son retour au sud; il m'octroyait même, en qualité de guide, un vieux réjoui, toujours de bonne humeur, mais qui n'en savait pas plus que moi-même sur la région à parcourir : on pense si je voulus m'en embarrasser.

Car il me restait à tenter la dernière partie du voyage, la plus incertaine et la plus difficile : les trois précédentes caravanes avaient perdu chacune par mort violente plus d'une centaine de leurs membres; la plus récente de ces catastrophes datait seulement de l'année dernière, et cependant j'allais traverser cette contrée avec moins de cent hommes. Comme pour le voyage au Lykipia, les traitants soutenaient que j'y laisserais ma peau. Quant à mes engagés, ils avaient appris à me connaître, et pas un n'osa élever la voix.

Donc, le 16 novembre, après les cérémonies propitiatoires de rigueur, nous franchissons le Guaso Tiguirish. Nous marchons vers l'ouest-nord-ouest, dans la direction du Kamasia. Au pied du plus bas des larges gradins de la chaîne, nous campons sur le Tiguirish. L'après-midi je pêchai, en très peu de temps, trois douzaines et demie de superbes poissons.

Le lendemain, la caravane fait l'ascension de la première des terrasses, puis s'escrime de son mieux sur l'abominable plateau, encombré d'épines féroces et de blocs à arêtes aiguës. Au delà du second gradin on descend dans le lit du Guaso Kamnyé, un petit tor-

rent qui tombe des montagnes et n'arrive au Baringo que dans la saison des pluies. On le remonte pour pénétrer dans une combe pittoresque qui traverse le troisième gradin et nous conduit au cœur même de la chaîne du Kamasia.

L'apparition de la caravane est annoncée de colline en colline par les cris des naturels, qui, vivant dans des huttes isolées, perchées sur les flancs des monts, n'ont pas d'autre moyen de se faire savoir les nouvelles. J'étais émerveillé de la facilité avec laquelle ils se hèlent les uns les autres à des distances énormes : j'ai vu un homme parler au-dessus d'une profonde vallée à un autre qu'on distinguait à peine, et n'ayant pourtant pas l'air de projeter sa voix plus que si son interlocuteur eût été placé à quelques mètres. La réponse du second arriva étonnamment distincte. A la suite de ces appels, hommes et femmes descendent en troupes de tous côtés, les uns pour lever le « hongo », les autres pour nous vendre chacun son petit lot de vivres.

Ces naturels ont la physionomie générale des Massaï. Ils portent la lance particulière au Souk, longue de plus de deux mètres, et dont la pointe est assez petite; on l'emploie comme arme de jet ou pour lutter corps à corps; ils ont aussi l'arc et les flèches. Le costume des hommes consiste en un carré de peau de chevreau qui leur pend sur la poitrine, pas plus grand qu'une bavette; les femmes mariées sont vêtues de deux longueurs de cuir souple, l'un autour des épaules, l'autre de la ceinture. Ils cultivent le millet et surtout le grain connu sous le nom de *uülizé* (élusino).

Le lendemain matin, nous quittons notre camp du Mkouyou-ni (lieu des sycomores), et nous gagnons le col par un dangereux casse-cou enchevêtré du plus abominable broussis. Le paysage est superbe : à nos pieds la vallée que nous venons de quitter se creuse entre deux versants que leur végétation buissonneuse recouvre d'un sombre manteau : peu à peu ces teintes foncées font place au vert bigarré des terrasses de lave; celui-ci, à son tour, va s'évanouir dans la plaine de Ndjemps, jaune et brûlée. Au nord-ouest miroite le lac Baringo, ses charmantes petites îles découpées en vigueur sur la silhouette fantastique des monts du Souk et du Lykipia, qui apparaissent au loin dans

Paysage du Kamasia : le mont Lobikoué (voy. p. 348). — Gravure empruntée à l'édition anglaise.

la brume. Au sud-ouest le sommet de la combe, puis un déploiement pittoresque de prés et de masses anfractueuses, de chaînes aux profils anguleux et dentées en scie, et dont les flancs rayés de cicatrices rappellent des limes gigantesques, tout cela revêtu d'une riche verdure sur laquelle chatoie le plus vaporeux des voiles, un tissu d'air et de légers fils d'argent.

Après avoir repris haleine et photographié l'entrée de la combe, je descends dans la gorge profonde qui partage le Kamasia en deux chaînes latérales ; nous gravissons l'autre versant et je ne saurais décrire l'émotion presque religieuse qui me saisit à la vue des monts Elgueyo dressant à pic leurs roches sourcilleuses à plus de deux mille quatre cents mètres au-dessus de la vallée du Ouei-ouei qui nous sépare de cette falaise grandiose.

Nous campons sur le talus occidental, et, le lendemain, nous descendons la montagne par une pente moins rocailleuse que celle du versant est.

Le Kamasia, dont les pics les plus élevés montent de deux mille quatre cents à deux mille sept cents mètres, est un rameau de l'escarpement du Maü qui, sous le nom d'Elgueyo, court vers le nord en ligne presque parallèle. Le Kamasia est excessivement abrupt sur sa face orientale ; la déclivité s'accuse beaucoup moins sur l'autre revers ; partout il se recouvre de broussailles épaisses qui deviennent forêts dans les parties les plus hautes : malgré sa stérilité relative, il nourrit une assez nombreuse population, souvent exposée à de terribles famines pendant les périodes de sécheresse. On y élève de grands troupeaux de moutons et de chèvres, quelques têtes de bétail seulement.

Le jour suivant, nous traversons l'étroite vallée qui sépare les deux grandes chaînes et où courent les eaux supérieures de l'Ouei-ouei, rivière qui, après avoir filé au nord vers les monts du Souk, en baigne l'extrémité nord-est et s'ouvre une voie vers le Sambourou.

A Elmetei la caravane s'arrête un jour, afin de se procurer des vivres pour la marche à travers l'Angata Nyouki (plaine rouge du Guas-'Nguishou). Vu d'ici, l'Elgueyo est merveilleusement escarpé, et je me demande comment nous réussirons à l'escalader : la partie supérieure est comme taillée à pic.

En dépit d'une rude journée d'efforts, nous ne pûmes réussir qu'à grimper aux trois quarts de la montagne ; nous campons à la base même du précipice. Le spectacle est admirable : une cascade bondit de la cime, et tombe d'une hauteur de plus de trois cents mètres ; nous sommes sur une sorte de terrasse qui s'étend au pied même de la muraille protectrice ; au milieu des roches buissonneuses se blottissent de jolies huttes, se montrent de petites plantations.

Reprenant notre escalade, nous nous ceignons les reins pour un terrible coup de collier : en levant les yeux vers la masse formidable et sombre qui se dresse presque à pic au-dessus de nos têtes, il faut une dose considérable de confiance pour s'imaginer qu'on finira par l'atteindre. Pourtant, conduits par un guide, pantelants, hors d'haleine, nous cramponnant en désespérés à toutes les branches, nous grimpons, nous grimpons toujours. Au moment où j'allais me déclarer battu, une fissure se montre dans ces roches qui nous semblaient inexpugnables ; on y rampe, on s'y accroche, on s'y hisse pied à pied.

La cime de l'Elgueyo est couronnée d'une forêt de genévriers touffus, au sous-bois presque impénétrable. Des bancs de brumes épaisses semblent reposer continuellement au-dessus de ces hautes régions.

Un sentier de chasseur nous conduisait en une demi-heure sur l'autre lisière de la forêt : devant nous s'étendaient les vastes savanes de la plaine rouge du Guas 'Nguishou.

Escarpement de l'Elgueyo. — Gravure empruntée à l'édition anglaise.

Le 24 novembre on pliait ma tente et nous allions partir, quand une pluie horriblement froide, fouettée par un vent furieux, vint rendre toute marche impossible et nous força, par une température de quinze degrés environ, de rester blottis devant les feux, derrière un coin de forêt. Si la tempête nous eût surpris sur la plaine découverte, j'aurais perdu la moitié de mes hommes, faute d'abri et de bois.

Vers dix heures du matin, le temps fit mine de s'éclaircir ; nous levâmes aussitôt le camp, car il y avait à traverser la partie la plus exposée pour arriver à une dépression où nous trouverions des arbres et de quoi nous chauffer. Comme à l'ordinaire, je marchais en tête avec mon avant-garde, allongeant le plus possible le pas dans les hautes herbes qui me montaient au genou, quand les cris de « Kifarou ! Kifarou ! » firent soudain tressaillir ; mon égalité d'âme fut quel-

Val du Guaso Kamnyé (voy. p. 347). — Dessin de Taylor, d'après une gravure de l'édition anglaise.

que peu troublée à la vue d'un rhinocéros énorme qui courait sur nous, à quarante mètres tout au plus. Mes vaillants camarades s'éparpillent comme des biches effarouchées : jusqu'à Brahim qui me montre le dos ! Par malheur il emportait aussi mon fusil ; je lui vocifère de me le retourner en toute hâte ; à peine le lui arrachai-je des mains, que le rhinocéros arrivait à dix pas ; je tire droit sur son mufle. Ce fut assez sinon pour l'abattre, du moins pour le faire obliquer : il passe, soufflant bruyamment. A la distance de trois mètres une balle l'atteint au cou ; il tombe comme une masse, poussant des grognements qui me parurent singulièrement comiques, tant ils me rappelaient ceux du porc. Mon guide andorobbo reste un instant immobile, pétrifié par la surprise ; il se met en devoir de fuir le plus loin possible de cette arme redoutable : je m'empresse de le rassurer.

Un peu plus loin je découvris une veine de quartzite, et près de là je tuai trois hartebeests (*Alcelaphus caama*), les premières que je voyais de cette espèce, différente de celle que l'on trouve plus au sud, et qui porte le nom du colonel Coke, le premier qui en ait tué quelques individus.

Nous traversons de nombreux et jolis ruisseaux qui tous s'écoulent vers le grand lac, et, au coucher du soleil, ma caravane gagnait un ancien campement, où nous avions la chance de trouver un coin abrité et un peu de bois sec. D'ici la vue s'étend sur la haute région forestière du Nandi, qui semble être la contrepartie même du Kikouyou. Elle paraît au sud comme un long et sombre rempart orienté du sudest au nord-ouest. Les Oua-Nandi ont à peu près le langage et les coutumes des Oua-Kamasia et des Oua-Elgueyo, mais ils sont autrement braves et amis des combats. Leur caractère indomptable rappelle celui des Oua-Kikouyou, et jusqu'à présent les caravanes de la côte n'y ont pas plus pénétré par la séduction de leurs marchandises que les Massaï par la force de leurs armes. Au nord, et dans l'horizon le plus lointain, se montre le très haut pic conique du Donyo-lé-Kakisera, qu'on dit parfois strié de neige.

Le lendemain, à l'approche des collines orientales, le pays se fait plus mouvementé et se déroule en molles ondulations émaillées d'arbrisseaux en fleur.

Le jour suivant, nous entrons dans une contrée montagneuse, où nous eûmes l'agrément de traverser trois fois la même rivière. Les pâtis sont couverts d'innombrables animaux de toute sorte. Le campement établi, je chargeai Makatoubou et Mansimba de battre nos alentours. Le rapport un peu vague de nos éclaireurs me fit présumer que nous arriverions le lendemain à la partie peuplée du Kavirondo.

De bon matin, nous gravissons la chaîne de collines qui nous barrait la route ; puis viennent une vallée étroite et une nouvelle rangée de montagnes basses ; au sommet de la seconde chaîne, nous eûmes enfin la joie de voir le Kavirondo s'étendant à nos pieds. Les colonnes de fumée qui montent vers le ciel, des carrés de différents verts nous parlent d'habitants et de cultures. Avec les précautions les plus minutieuses, la caravane franchit la seconde arête et dévale le talus, au pied duquel nous nous hâtâmes de construire une solide *boma*.

Le lendemain-matin, 28 novembre 1883, nous nous acheminions vers le village de Kabaras, entouré de plantations charmantes, et pittoresquement campé sur le versant d'une colline parsemée de blocs erratiques. Ce n'était pas sans une certaine émotion que je me préparais à affronter ces Oua-Kavirondo qu'on m'avait dépeints comme si sanguinaires. Mais, à mesure que mes hommes émergeaient de la jungle, je fus très agréablement surpris de les entendre accueillir de tous côtés par le « Yambo » (Comment va?) des gens de la côte, si familier à mes oreilles. Le blanc parut alors, et la scène changea comme par enchantement. Saisis d'étonnement et de terreur, ils battirent aussitôt en retraite derrière les murs de terre qui défendent le village, et, s'y sentant plus en sûreté, montèrent sur le sommet pour demander une explication. Nous pouvions voir à l'intérieur les hommes courir de hutte en hutte au milieu d'un remue-ménage général et reparaître aussitôt avec le manteau de guerre et la lance à la main, prêts pour le combat. J'ordonnai à mes gens de faire halte, et, posant ma carabine, je m'avançai avec un des miens, et

Cornes de hartebeest. — Gravure empruntée à l'édition anglaise.

leur dis qui j'étais et ce que je venais faire dans leur pays. Un brouhaha de surprise s'éleva de l'assistance : je me rassurai peu à peu à la vue des femmes, qu'amenait sur le rempart l'ingouvernable curiosité de leur sexe. Mes protestations eurent l'effet désiré : un certain nombre de vieillards, presque tous des Andorobbo fixés dans le village, s'aventurèrent en dehors des poternes, et, bientôt rassurés, hommes, femmes et enfants sortirent en foule pour contempler le phénomène.

Ce fut à mon tour d'être embarrassé, gêné, ébaubi, en me trouvant au beau milieu d'une nuée de jeunes demoiselles, dont toute la toilette se réduisait à un cordon de perles. J'eus fort à faire pour conserver mon sérieux et oser seulement regarder autour de moi ; mais, m'accoutumant par degrés à ma nouvelle position, je cessai de bayer aux corneilles, et bientôt il me parut que se vêtir, se dévêtir, veux-je dire, de cette façon est la chose la plus naturelle du monde ; les cruautés de la mode dans nos pays ultracivilisés devinrent le sujet de mes sages méditations, et pour la première fois je compris dans toute sa portée la phrase : « parée seulement de ses charmes ». Dès le début la caravane fut dans les meilleurs termes avec les indigènes : on nous conduisit dans le village ; on m'y assigna un lieu pour planter ma tente, tandis que nos hommes s'installèrent sous les pignons des cases, ou dans les cases mêmes, partout où ils trouvaient un abri à leur guise. Je m'assis sur mon pliant et savourai ma tasse de thé, tout en travaillant à m'habituer au grand « invêtu », et à familiariser ces enfants de la nature avec ma remarquable personne.

Les Oua-Kavirondo n'ont point la haute mine et le galbe apollonien du Massaï : la tête, surtout, appartient chez eux à un type décidément inférieur : œil terne et chassieux, mâchoires quelque peu prognathes, bouche fendue jusqu'aux oreilles ; lèvres épaisses, en saillie et retournées : la tête du vrai nègre, en un mot.

La forme du corps est un peu moins incorrecte ; les très jeunes filles rappellent même de loin l'élégance de leurs belles voisines ; mais, chez les femmes mariées, le ventre, grossièrement tatoué de lignes irrégulières, se projette en avant de la façon la plus disgracieuse. Elles, du moins, ont quelque idée de la décence et portent un essai de costume : puisant leurs inspirations dans la nature, elles font pendre au bas de leurs reins une houppe de cordelettes ; cette queue ridicule est le principal article de leur vêtement ; le reste se réduit à une frange de ficelles d'un décimètre carré. Les hommes vont absolument nus ; ils sont remarquables par leur carrure athlétique et surtout par une disproportion bizarre entre le torse et les jambes. Leurs

Village de Kabaras dans le Kavirondo. — Gravure empruntée à l'édition anglaise.

armes suffiraient pour prouver que les Oua-Kavirondo ne sont pas une peuplade guerrière : leurs lances, très rudimentaires et à pointe fort petite, ont une hampe de deux mètres quarante au moins, comme s'ils ne se souciaient pas de serrer l'ennemi de trop près. Ils ont des boucliers de toute forme et de toute grandeur : le type dit *kavirondien* est énorme de dimensions et de poids. C'est une peau de buffle presque entière, longue et large d'un mètre vingt, et courbée de manière à former une sorte d'angle qui abrite toute la face antérieure du guerrier : quand il s'avance pour l'attaque, sa tête seule paraît. Mais si lourd et si incommode est ce rempart ambulant que, sauf au moment même du combat, on le porte attaché sur le dos, et qu'on

s'empresse de le jeter lorsqu'il s'agit de prendre la fuite.

Les Oua-Kavirondo mettent leur orgueil à se parer des coiffures les plus bizarres. Cornes d'antilope, plumes de coq, ouvrages de cuir ou de rotin, tout est combiné de façon à porter l'épouvante dans l'âme de l'ennemi. Leurs huttes, genre ruche d'abeilles, ont leur toit à peine relevé, comme à Kabaras, ou conique et très pointu. La propreté de l'intérieur est en raison inverse de la richesse des propriétaires. Chez les gens pauvres, qui n'ont ni chèvres ni bétail, le sol est uni, soigneusement battu d'argile ; on a un foyer construit exprès ; nulle ordure n'y traîne, nul débris de ménage. Ce qui attire le plus l'attention, c'est une formidable rangée de pots de *pombé*, dont la taille varie de quelques centimètres à près d'un mètre; la base étant de forme conique, on les pose chacun sur un socle d'argile creusé au milieu.

Quant aux paillotes « cossues », on ne saurait en approcher que le nez protégé par un mouchoir arrosé de senteur. Une couple de vaches, trois ou quatre chèvres et brebis, un chien, des coqs et des poules sur les solives, la dame de la maison, son seigneur quand il lui plaît de la venir visiter, une masse d'enfants, y vivent dans la plus touchante union. Le feu est allumé au milieu de la case; la fumée pourrait bien sortir par la porte, mais on la tient scrupuleusement fermée. Les charmes de ce séjour, que n'a pas encore « contaminé la lèpre de la civilisation », sont rehaussés par la présence de légions de poux, de myriades de puces, etc., etc., etc.

Quel souper que celui qui suivit notre arrivée dans ce pays de cocagne! La maigre chère de nos trois semaines de route fut bien vite oubliée, tandis que nous nettoyions les os des volailles grasses et que nous faisions disparaître les uns après les autres les plats d'arachides, de maïs, de patates douces. Avec quel appétit goulu nous nous appliquâmes à savourer ces mets exquis, jusqu'à ce que des soupirs de satisfaction vins-

Femmes mariées du Kavirondo (voy. p. 351). — Gravure empruntée à l'édition anglaise.

sent nous avertir que même l'élasticité des organes digestifs a des bornes!

Des jeunes filles dansaient devant ma tente; je fis miroiter à leurs yeux des fils de perles brillantes; elles vinrent exécuter devant nous et m'amusèrent fort par la façon dont elles comprennent « la poésie du mouvement ». Graves, timides, sans doute rougissant sous leur peau bronzée, les deux mains rapprochées à la hauteur de la ceinture, elles marchaient à la mesure indiquée par les chants de la foule ou le claquement de deux paumes frappant l'une contre l'autre. Chacune à son tour jeta un pied en avant; puis vint une se-

cousse soudaine des épaules, comme si une boulette de dynamite eût fait explosion sous leur omoplate. Cette figure fut répétée avec une rapidité croissante, culminant en un trémoussement grandiose; bras et épaules semblaient sur le point de prendre la volée, si merveilleuse était la vitesse avec laquelle s'agitaient les muscles de la partie supérieure du corps.

Le lendemain matin, on m'apporte un grand bol de lait; mais à peine y ai-je mis le nez que je suis pris d'insurmontables nausées. Enquête faite, j'apprends que les Kavirondiens se servent pour traire les vaches de vases enduits de bouse à l'intérieur, et que, non contents de cela, ils relèvent le goût de la douce boisson en le coupant avec un autre liquide animal qui ne sert pas d'ordinaire à cet usage et qu'ils conservent au préalable pendant quelques jours, pour en développer le « corps » et le « bouquet ».

Après une journée entière passée à Kabaras, nous reprenons notre marche vers Koua-Soundou, la principale ville du Kavirondo supérieur. La contrée, ondulée et fertile, est arrosée par un nombre étonnant de ruisselets; les villages y sont très nombreux, et l'aspect de la population indique le bien-être. Nous cheminons au milieu d'une véritable haie de naturels, tous portant des paniers d'œufs, de volailles, de fèves, du lait, du miel, qu'ils mouraient d'envie de troquer contre nos verroteries. Le lendemain, nous faisons notre entrée dans la bourgade du chef Sakoua, un des hobereaux du pays. Il nous témoigna son bon vouloir en mettant le plus grand zèle à courir sus à ceux de ses sujets qui se montraient indiscrets et incommodes, les chassant lui-même à coups de poing, et ne dédaignant pas de ramasser des cailloux et de les lancer sur les fuyards.

Traduit et condensé par Frédéric BERNARD.

(La fin à la prochaine livraison.)

Le Nzoïa près de Seremba (voy. p 354). — Dessin de Y. Pranishnikoff, d'après une gravure de l'édition anglaise.

AU PAYS DES MASSAÏ

(AFRIQUE CENTRALE),

PAR M. THOMSON[1].

TEXTE ET DESSINS INÉDITS.

XI (suite).

Koua-Soundou. — Les Oua-Kavirondo. — L'habit ne fait pas la moralité. — Séquestrés. — Le Nyanza. — Justice expéditive.

Le 3 décembre, nous arrivons à Koua-Soundou. Sous le gouvernement du père du présent souverain, cette ville était importante et très peuplée ; depuis sa mort, elle est déchue considérablement, et ses murs renferment moins de huttes que de pâturages et de champs de matamma.

Koua-Soundou est assise sur une hauteur qui domine le Nzoïa. Cette superbe rivière porte au lac Nyanza toutes les eaux du plateau et celles qui descendent de l'Elgon et du Chibtcharagnani.

Le Kavirondo est loin d'occuper la place qu'on lui assignait jusqu'à présent, c'est-à-dire la partie moyenne de la rive orientale du Nyanza. Il se trouve à l'angle nord-est du lac, et s'étend sur une centaine de kilomètres, coupé au milieu par l'équateur. Koua-Soundou n'est pas aussi rapproché du lac que l'indiquent certaines cartes ; car, monté sur une haute colline, je ne voyais jusqu'à l'horizon qu'une vaste étendue d'ondulations cultivées : de lac, nul indice.

Je pus constater que les Oua-Kavirondo qui, au premier abord, semblent être une race homogène, ayant mêmes mœurs et mêmes coutumes, parlent cependant deux langues absolument différentes. Les habitants des régions riveraines du lac que nous nommerons le

1. Suite. — Voy. pages 289, 305, 321 et 337.

Bas-Kavirondo se servent d'un idiome rappelant ceux des tribus du Nil, tandis que dans le haut pays on fait usage d'un dialecte bantou, si proche voisin du ki-souahéli, que mes gens le comprenaient sans difficulté. Les coutumes, les croyances religieuses de ces peuplades diffèrent à peine de celles qu'on regarde comme caractéristiques des nègres de l'Est Africain.

J'eus l'occasion d'assister aux funérailles d'un enfant. Un matin, près de ma tente, un petit garçon mourut. Pendant de longues heures le père et la mère poussèrent une plainte continue, interrompue de temps à autre par des hurlements ou des cris aigus. Les amis, les passants y ajoutaient leur voix, et exprimaient leur sympathie par une danse funèbre. Dans l'après-midi on creusa une fosse devant la porte même de la hutte, sous les larmiers; puis le pauvre mignon fut porté dehors, et chacun vint le regarder pour la dernière fois. Tous sanglotaient, tous se pâmaient quand le père le saisit avec une énergie convulsive et le déposa dans sa tombe; la mère se jeta sur le sol, se roulant dans les angoisses du désespoir. Le père, à peine moins affecté, et gémissant tristement, fut interrompu soudain par les reproches indignés de quelques barbes grises : il avait couché le corps dans une position néfaste! Il répond qu'il a suivi la bonne coutume, et les cris de douleur font place à une violente querelle sur le point en litige : faut-il que la face du mort soit, ou non, tournée vers la case? A la fin il reconnaît son tort, retourne le petit cadavre, et les lamentations reprennent de plus belle. On met une feuille d'arbre au-dessous du lobe de l'oreille, une autre sur l'ourlet supérieur; dans sa main une touffe d'herbe; puis les hurlements grandissent et deviennent une tempête, pendant que le père et la mère font pleuvoir, avec une activité frénétique, les mottes de terre sur le pauvre petit corps nu. Puis un long mugissement d'adieu, puis une danse, et les assistants se séparent jusqu'au lever de la lune, où, leur chagrin entretenu par des libations de *pombé*, ils recommencent leur chorégraphie, ou, pour mieux dire, leurs trémoussements d'épaules, afin d'adoucir la douleur des parents et de consoler l'ombre du défunt.

Le premier qui trépasse dans une hutte neuve est enterré à l'intérieur; le second, en dehors.

Les Oua-Kavirondo, je ne veux point oublier de le dire, justifient éloquemment une assertion que d'aucuns ne sauraient admettre : la moralité n'est point une question de toilette. Nulle tribu de la région n'a de mœurs plus régulières; les femmes y sont des anges de pureté en comparaison des matrones massaï au costume si convenable pourtant et parmi lesquelles le vice règne et gouverne.

A Koua-Soundou les vivres sont à très bas prix et semblent inépuisables : un fil de perles me donnait de la farine pour quatre hommes, ou bien des patates douces pour huit; un mouton vaut quinze fils; une chèvre, vingt. Le poisson du Nzoïa variait notre menu.

Mais j'étais trop impatient de voir le lac pour goû-ter ce bien-être. Aussi, ne m'attardant qu'une couple de jours à Koua-Soundou, je partis avec cinquante hommes, laissant les autres sous les ordres de Makatoubou. La contrée qu'il nous restait à traverser passait pour fort dangereuse; Mansimba le savait si bien qu'il s'arrangea pour être introuvable au moment du départ. Nous franchissons le Nzoïa par un gué long de cent mètres et profond de trois pieds; les eaux courent sur le lit rocheux avec une impétuosité terrible.

Nous dirigeant vers l'ouest, nous approchions d'un village, quand soudain le cri de guerre vint nous faire tressaillir. La contrée tout entière semblait donner naissance à des multitudes d'hommes armés. Des centaines d'indigènes nous environnèrent bientôt : je les rassurai, sans trop de peine; mais, pendant plusieurs heures encore, nous vîmes accourir de nombreuses troupes, prêtes à se précipiter sur l'ennemi. Certes je ne m'étonne plus que les caravanes aient été si souvent arrêtées dans un pays où en un clin d'œil on peut ainsi réunir plusieurs milliers de guerriers. En revanche, il n'y a pas d'arbres dans cette région; c'est à peine si chaque hameau en possède quelques-uns; aussi le besoin d'ombre et de combustible s'y fait-il vivement sentir.

Je m'étonnais de plus en plus de constater l'extrême densité de la population dans ce pays, et je m'en inquiétais à mesure que je voyais ces indigènes se montrer plus insolents et faire mine de nous barrer la route. La colère m'envahissait peu à peu tandis que je redoutais de les voir s'opposer à mes desseins, et je me jurais de marcher en dépit de tous les obstacles. Nous pûmes heureusement atteindre, sans incidents bien sérieux, le village de Seremba, où sont établies de nombreuses fonderies alimentées par du minerai provenant d'une chaîne de montagnes située plus au nord; on le prépare dans des fourneaux à ciel ouvert, où se trouve au-dessus le charbon amoncelé contre une muraille basse; au fond, un trou et un canal par où s'écoulent les scories. Le courant d'air est assuré par un double soufflet, qu'un homme manœuvre debout et avec une dextérité surprenante. Toute une journée de travail est nécessaire pour produire une masse pesant de sept à huit kilogrammes. Dès qu'on la croit en état, on la retourne, et, aussi promptement que possible, on la coupe au moyen de haches maniées avec une vigueur herculéenne. Ce fer est de première qualité. Les Oua-Kavirondo, ceux du Samia surtout, savent en tirer un excellent parti. Ils le martèlent admirablement, non pas en fil rond, comme le senengé de la côte, mais en tiges tétragones, d'un doux éclat argenté. Les élégants du pays les portent autour du cou, du bras, des jambes, à la façon des femmes massaï; seulement on ne le dévide pas en spires continues; il est disposé en anneaux distincts, qu'on rive ensuite les uns aux autres. Leurs armes et leurs outils sont en usage dans tout le Kavirondo. Je regardai leurs marteaux avec le plus vif intérêt : des pierres pour les travaux plus grossiers; puis, une fois la première façon donnée, à une bêche par exemple, ils prennent une sorte de lourde flèche et frappent avec le rebord de la pointe; pour le fil carré, ils tapent avec l'extrémité d'un cylindre, en fer, comme l'outil précédent.

A l'heure que j'avais fixée pour le départ, le village entier s'assemble : « Pourquoi traversais-je leur pays sans leur congé avec mon cri de Nyanza ! Nyanza ! Que voulais-je à ce lac? Sans doute y accomplir quelque œuvre d'outchaoui (magie noire) ! » Ces braves gens avaient la prétention de nous mettre sous séquestre. Je descendis sur les rives du Nzoïa, chasser les hippopotames, pour faire diversion à ma colère; en mon absence, le chef fit poster des sentinelles à toutes les portes du village. Le lendemain il fallut enlever le passage de vive force pour pouvoir en sortir.

Une demi-heure après, nous arrivions au sommet d'une chaîne de petites collines : j'étais enfin au terme de mon pèlerinage ! Une baie du grand lac étincelle au soleil, entourée de plages basses, close au sud par plusieurs îles, et mollement voilée par la brume. Après une heure de marche ou plutôt de course fiévreuse, j'étais sur la plage du Victoria Nyanza, je me désaltérais à ses eaux pendant que les hommes y entraient jusqu'au genou, tirant des coups de fusil, sautant, gambadant,

Le Nyanza vu de Massala. — Dessin de Y. Pranishnikoff, d'après une gravure de l'édition anglaise.

s'éclaboussant comme des insensés. Le premier débordement de leur enthousiasme calmé, ils accoururent se grouper autour de moi, et ces braves camarades, me voyant maintenant au but de tous mes efforts, me serrèrent la main avec une joie si franche, une cordialité si parfaite, que les larmes me vinrent aux yeux.

Tout près de là se trouvait le village de Massala, le second chef du Samia, le district où nous nous trouvions actuellement; nous y allâmes camper. Je pus alors me reposer de mes travaux avec la conscience d'avoir accompli ma grande œuvre; désormais c'était dans la patrie que je devais chercher le phare qui allait guider mes pas. Le lendemain, pour n'être pas en reste de bonne grâce avec mes hôtes, j'organise des danses. Martin essaye d'initier les jeunes filles aux charmes mystérieux de la valse, et moi je leur enseigne les évolutions fantastiques et rapides d'une gigue écossaise. Cet accès de bonne humeur avait si bien convaincu de ma bonhomie les habitants, qu'ils n'hésitèrent pas, la nuit même, à me dérober toute ma batterie de cuisine. Me passer de vaisselle, de couverts, était un sacrifice au-dessus de mes forces. Je fis preuve d'énergie. Mes hommes rassemblés autour de moi, armés de leurs fusils, je fais poster des sentinelles à toutes les issues. Puis, leur ordonnant de saisir des brandons enflammés, je déclare que je vais mettre le feu au village si tous les objets volés ne me sont pas rendus. Il y avait bien dans la bourgade quatre cents hommes en état de porter les armes : mon audacieux coup de force leur fit perdre la tête. Toute la population étant plus ou moins complice du larcin, Massala, le grand chef, le premier, se mit en quête des objets dérobés, et le soleil se montrait à peine au-dessus de l'horizon, que j'avais déjà récupéré presque tout.

Chose curieuse, cette aventure me plaça très haut dans l'estime des naturels, et dans l'après-midi nous étions en si bons termes, qu'ils m'accordèrent gracieusement la permission de les photographier. Les jeunes filles sont grandes et bien découplées, sans avoir les hanches très développées.

Nous n'étions plus qu'à soixante-quinze kilomètres du Nil; mais j'avais la fièvre; ma pacotille était déplorablement réduite; nous nous trouvions maintenant sur les frontières occidentales du Kavirondo, et les tribus limitrophes étaient en guerre avec les habitants du pays. Cette fois, comme tant d'autres, je compris que prudence est mère de sûreté, et je me décidai à reprendre la route de la côte.

XII

AU LAC BARINGO
PAR L'ELGON.

Terrassant la fièvre. — Première journée de retraite. — L'Elgon et ses caves. — Dans les bras de la mort. — Les Oua-Souk. — Le lac Baringo.

La réception qu'on nous avait faite sur la route du Nyanza ne m'encourageait guère à retourner par Seremba, et je préférai couper à travers la chaîne voisine. Cette contrée, jadis peuplée, mais souvent visitée par les guerriers de Mtésa[1], dans leurs fréquentes incursions sur la côte du Samia, est aujourd'hui déserte.

Le 15 décembre nous nous dirigions au nord vers Mzemba, la ville d'Ouchem, le principal chef du Samia.

Le 14 je gisais sur ma couchette, en proie à un accès de fièvre paludéenne et me sentant près de délirer. Il me restait pourtant assez de mémoire pour me rappeler qu'il n'est remède plus efficace que de « faire marcher sa fièvre ». Donc le lendemain je fis sans broncher une étape de six heures.

Vers midi nous entrions dans une sombre forêt au milieu de laquelle coulait un ruisseau. En choisissant un terrain pour le bivouac, je faillis tomber sur un python, que tuèrent mes gens; il mesurait trois mètres soixante-cinq centimètres de long et trente-sept centimètres de « tour de taille » : c'est le *tchato* des Oua-Souahéli. Une fois sous ma tente, je m'affaissai comme une machine montée pour faire un certain nombre de tours et qui s'arrête lorsque le ressort est détendu.

La marche suivante fut très pénible, vu le nombre de ruisseaux marécageux qu'il fallut traverser : le Sio les draine tous.

Le village où nous passâmes la nuit est noté dans mon carnet, pour son excessive propreté d'abord, ensuite parce que nous y vîmes certaine demoiselle, en costume d'Ève, qui avait bien sept pieds de haut (deux mètres cent trente-cinq millimètres). Un de mes hommes, dont la taille mesure six pieds trois pouces (un mètre neuf cent cinq millimètres), semblait un nain à côté d'elle.

Le lendemain nous repassions le Nzoïa, et arrivions à Koua-Soundou dans la matinée. Makatoubou et ses gens étaient en parfaite santé; ils avaient acheté quantité de vivres pour notre voyage à travers le désert.

Le 24 décembre, un peu remis de ma fièvre, j'entreprends la première étape de notre marche de retraite. En sus de sa charge, composée principalement de grains, chaque homme portait pour douze jours de vivres. Nous en avions, en somme, à peu près pour un mois.

Je désirais vivement visiter les cavernes de l'Elgon et faire connaissance avec leurs habitants, et nous prîmes la route du nord. Il fallut pour cela gagner l'autre rive du Nzoïa. Le passage nous prit deux heures, mais s'accomplit sans accident.

Nous marchâmes d'abord au nord, puis à l'est, au milieu d'une contrée absolument déserte, une vraie « terre sans maître »! (*No man's land*).

Le 26 nous arrivions aux frontières de Massaoua; il y avait guerre entre les habitants et leurs voisins de l'Elgon, et personne ne voulut me servir de guide. La semaine même qui suivit notre départ de cette portion merveilleusement populeuse du district, les Massaï y firent une descente et razzièrent tout le bétail.

Filles du chef de Massala. — Gravure empruntée à l'édition anglaise.

1. Voy. les tables du *Tour du Monde*.

Murs et portes de Massuale (voy. p. 355). — Dessin de Y. Pranishnikoff, d'après une gravure de l'édition anglaise.

Le lendemain, la caravane se remit en marche; nous n'avions que notre bonne étoile pour nous conduire à travers les dédales de la forêt, où viennent mourir les pentes inférieures de l'Elgon.

A midi passé nous étions au pied de la montagne et campions sur un tributaire du Guaso Lodo. Nul indigène ne paraissait. Après avoir inutilement tiré les trois coups de fusil réglementaires, j'envoyai en éclaireurs Makatoubou et quelques hommes; ils revinrent dire que, autour d'un épaulement du mont et sur l'autre versant d'une petite vallée, on voyait de la fumée sortir d'un trou noir; plusieurs orifices semblables se montraient à la base d'une ligne de falaises. Le lendemain matin, escorté de Sadi et de quelques-uns de mes meilleurs engagés, je me dirigeai vers les cavernes. La montagne, composée de couches énormes de conglomérats alternant avec des nappes de lave, se dresse au milieu des roches métamorphiques qu'on voit affleurer à ses pieds. Quelques indigènes se montrent à la cime de roches qui nous paraissent inaccessibles; mais nous découvrons un sentier des plus escarpés qui conduit au village. Après de longs pourparlers, les indigènes nous permettent de monter avec eux, et nous nous trouvons bientôt sur une sorte de banquette vis-à-vis d'un énorme trou béant dont l'entrée est défendue par une forte palissade de troncs d'arbres. Cette caverne, longue de trente mètres, large de huit, haute de dix, abrite tout un village. Tout autour de la montagne il s'en trouve un grand nombre d'autres semblables; quelques-unes

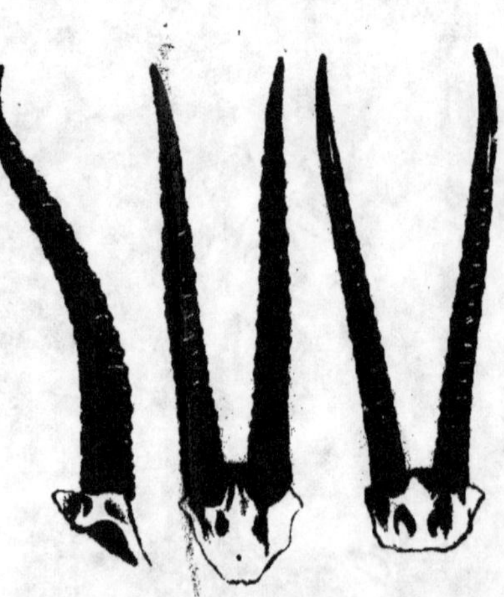

Gazella Thomsoni. — Gravure empruntée à l'édition anglaise.

s'enfoncent si loin dans les entrailles de la terre, que les naturels n'en ont jamais trouvé le bout. Quant à leur origine, les habitants de ces curieuses excavations n'en ont pas la moindre idée; et cependant un rapide examen a suffi pour me convaincre qu'elles ont été taillées de main d'homme. Dans quel but? Je ne le sais. Peut-être faut-il voir là d'anciennes galeries, percées, il y a un temps immémorial, par un peuple d'une civilisation avancée, pour l'extraction de pierres fines et de métaux précieux.

Quoi qu'il en soit, mon éloquence fut impuissante à tirer des indigènes aucun éclaircissement à ce sujet, ni les amener à me procurer un guide pour me conduire à l'Elgueyo. En redescendant, fort désappointé, j'aperçus encore nombre de cavernes creusées dans le conglomérat. L'une d'elles était inoccupée. C'était une très vaste chambre, haute de plus de quatre mètres; j'essayai d'en explorer les profondeurs; mais, au bout

d'une centaine de mètres, je dus revenir sur mes pas: l'obscurité ne me permettait plus d'y rien distinguer. Les abords de cette caverne étaient assez difficiles, et près de l'ouverture une cascade pittoresque y faisait couler de l'eau en abondance. La mauvaise volonté des habitants de l'Elgon nous mettait dans l'obligation de traverser sans guide ni boussole, et sans autres indications que de très vagues renseignements, une vaste contrée que ne sillonne aucun sentier. Pendant notre première étape nous suivîmes la base de la montagne, où les ouvertures des cavernes se montraient nombreuses. La caravane dut franchir quatre torrents profonds, dont une végétation touffue rendait les abords difficiles, avant d'arriver au campement, où un commencement d'incendie, rapidement éteint d'ailleurs, nous causa une vive alarme.

Je voulus célébrer le dernier jour de l'année 1883, qui m'avait été jusque-là si favorable, en offrant à ma troupe une pièce de gibier. Suivi de Brahim, je m'escrimai pendant trois heures dans les hautes herbes avant de distinguer un couple de buffles paissant à quelque distance. Nous nous glissons à une cinquantaine de mètres. Je tire, et atteins l'un d'entre eux au côté gauche, pas au cœur malheureusement, car l'animal décampe à grands pas; je me faufile à sa suite, le serrant toujours de plus près. Une nouvelle balle de mon express lui traversa l'épaule, mais, grâce à la ténacité de vie si caractéristique de cette espèce, il continuait à marcher. Je visai encore, la tête cette fois. Mon troisième projec-

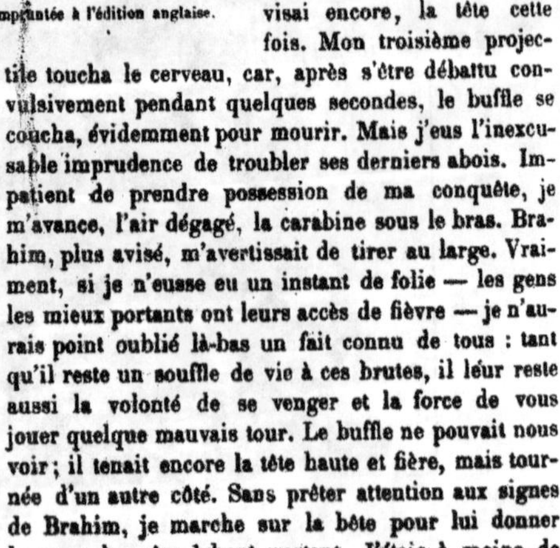

tile toucha le cerveau, car, après s'être débattu convulsivement pendant quelques secondes, le buffle se coucha, évidemment pour mourir. Mais j'eus l'inexcusable imprudence de troubler ses derniers abois. Impatient de prendre possession de ma conquête, je m'avance, l'air dégagé, la carabine sous le bras. Brahim, plus avisé, m'avertissait de tirer au large. Vraiment, si je n'eusse eu un instant de folie — les gens les mieux portants ont leurs accès de fièvre — je n'aurais point oublié là-bas un fait connu de tous: tant qu'il reste un souffle de vie à ces brutes, il leur reste aussi la volonté de se venger et la force de vous jouer quelque mauvais tour. Le buffle ne pouvait nous voir; il tenait encore la tête haute et fière, mais tournée d'un autre côté. Sans prêter attention aux signes de Brahim, je marche sur la bête pour lui donner le coup de grâce à bout portant. J'étais à moins de six mètres, et cependant elle ne m'apercevait point; je me glissais sans bruit dans les herbes. Un ou deux pas : je frôle quelques feuilles sèches ; le buffle tourne la tête ; le beuglement féroce qui soudain me glace le sang dans les veines me fait comprendre en un clin d'œil que l'ennemi va fondre sur moi : il se dresse sur ses jarrets. Absolument saisi par la surprise, sans pensée, sans pouvoir de réflexion, et poussé seulement par l'instinct, je fais un demi-tour et commence à battre en retraite. Si ma mémoire est fidèle, je ne sentais aucune frayeur : il me semble me rappeler même que je courais fort à loisir, plutôt comme par divertissement, divertissement toutefois qui ne devait pas longtemps durer. Brahim, il m'en souvient, fendait les airs à toute vitesse.... Puis un bruit derrière moi, comme d'un écrasement de branches ; quelque chose me touche à la cuisse, et je me sens lancé dans les airs ainsi qu'une fusée.

Puis je me rappelle m'être trouvé par terre contusionné, étourdi, avec la sensation indéfinie de quelque chose d'inaccoutumé, avec la vague idée qu'il me fallait prendre garde : à quoi ? Je ne le savais plus ; lentement et péniblement je rouvre les yeux : voici la bête colossale à moins de trois mètres : elle surveille sa victime, mais semble dédaigner de charger un ennemi sans mouvement.

J'étais étendu dans les herbes, la tête tournée vers le buffle. Chose étrange ! en ce moment, et pour ainsi dire dans les bras même de la mort, je n'éprouvais pas la moindre angoisse ; seulement une idée jaillit à travers mon cerveau comme une décharge électrique : « S'il se jette encore sur moi, je suis un homme mort ! » On eût dit que le buffle lisait dans ma pensée. Voyant quelques signes de vie dans un corps immobile jusque-là, il fit entendre un ébrouement formidable et se ramassa sur lui-même pour se ruer contre moi. Brisé, paralysé comme je l'étais, je ne pouvais songer à défendre ma vie : je cachai ma figure dans l'herbe, espérant vaguement que de cette façon elle ne serait pas mise en capilotade. Tout d'un coup, la détonation d'une carabine ébranle la forêt. Je relève la tête : à ma joyeuse surprise le buffle me présentait maintenant la queue. Profitant instinctivement de ce répit momentané, et rassemblant mes forces avec une énergie désespérée, je parviens à me traîner un peu plus loin. Ma main, par hasard posée sur ma cuisse, perçoit quelque chose d'humide et de chaud ; une exploration plus précise permet à mes doigts de pénétrer dans un trou profond. Puis j'entends une volée de coups de fusil, et le taureau tombe, bien mort cette fois.

Alors une sensation de calme, comme s'il m'était

permis enfin de trépasser en paix, s'empare de moi : mes yeux se voilent, je vais m'évanouir. Mais l'idée me poursuit que mon sang coule toujours, et, par des efforts presque surhumains, je réussis à baisser mon pantalon et à bander étroitement de mon mouchoir la profonde blessure ; puis je souris à Martin pour le rassurer, et me laisse doucement aller dans ses bras. Un moment après, je reprends mes esprits, ce qui relève merveilleusement ceux de mes camarades ; l'hémorragie a beaucoup diminué ; ils retirent mes bottes pleines de sang. Pour leur montrer que l'accident n'aura point de portée, j'essaye de marcher un peu ; tout danse, tout tourne, et je m'étends de nouveau sur le sol. Plus tard on m'apprit que j'avais été lancé vers le ciel de la façon la plus correcte possible ; mon chapeau tombant d'un côté, ma carabine de l'autre, comme si, voltigeant dans les airs, je faisais pleuvoir des cadeaux sur les bancs de quelque hippodrome. J'avais dû m'abattre sur le côté, car j'étais sérieusement contusionné à l'une des joues et sur un des côtés de la poitrine ; les premiers jours, je croyais même avoir une ou deux côtes rompues ; il n'en fut rien, par bonheur. Et je ne me souviens nullement de ce voyage dans l'espace ni de la chute qui suivit.

Ma plaie était peu douloureuse. La corne avait pénétré de quinze centimètres dans les chairs, rasant l'os et venant ensuite effleurer l'épiderme au-dessus.

Cornes de mon buffle. — Gravure empruntée à l'édition anglaise.

La blessure ressemblait plutôt à une section des tissus qu'à une déchirure ; avec mon excellente constitution je pouvais espérer la voir guérir.

Ainsi finit l'année 1883, et en souvenir de ce jour je présente au lecteur le portrait de ces cornes, massives et superbes ; la courbe en est d'une grâce exquise ; d'une extrémité à l'autre elles mesurent, en ligne droite, près d'un mètre douze centimètres. Je lui présente également celles d'une gazelle à laquelle j'ai donné mon nom.

Tous mes membres étaient perclus de douleurs ; il m'était impossible de me remuer sans aide ; on dut même me faire manger. Mais ce n'était pas le moment de me laisser dorloter : il fallait, à tout prix, franchir les immenses solitudes où nous nous trouvions engagés. Martin me construisit une sorte de litière, et pour la première fois de ma vie je me soumis à l'humiliation d'être charroyé comme un ballot. Mes gens se disputaient l'honneur de me porter. Quel changement avait transformé ce rebut de la population de Zanzibar, depuis le temps où il ne formait qu'un vil troupeau d'esclaves dont on n'aurait pu venir à bout sans l'aide du bâton ! C'étaient maintenant « des hommes », « des frères »; il fallait même modérer l'ardeur avec laquelle ils chargeaient sur leurs épaules la civière de « Nos dollars », sobriquet dont ils m'avaient affublé en souvenir d'un incident fâcheux pour l'honneur du nom anglais, rarement terni jusqu'alors dans l'Est Africain. Au cours d'une précédente exploration, la mort du chef de l'expédition avait entraîné, pour les porteurs, la perte de gages gagnés honorablement par un très rude labeur.

La caravane contourna la base des monts Chibtcharagnani, opération rendue très pénible par l'obligation de franchir les nombreux torrents qui s'écoulent vers le Nzoïa. Cependant, grâce à l'immobilité que je gardais, ma blessure se fermait rapidement, sans autre remède que l'eau fraîche : il n'y eut ni suppuration ni inflammation.

Le 7 janvier nous atteignîmes la zone des forêts qui couronnent le rebord du plateau du Guas 'Nguishou. Je savais déjà qu'il n'existe, pour descendre des falaises de l'Elgueyo, que deux passes, deux échancrures de l'arête, dissimulées par l'impraticable forêt au travers de laquelle j'hésitais à m'aventurer. Un chasseur andorobbo qui avait promis de nous y guider disparut après nous y avoir égarés. Il fallut nous frayer à la hache une trouée sur les traces d'un ancien sentier; à midi enfin nous étions sur les bords de l'escarpement, et nous commencions à dévaler. A une heure nous campions dans une bananeraie, près d'un ruisseau babillard, et le lendemain je m'arrêtais au bivouac de deux trafiquants que j'avais connus à Mombâz et qui achetaient de l'ivoire dans les environs. Après avoir accordé à ma blessure un repos nécessaire, nous recommençons à descendre la montagne, par un talus presque vertical, puis nous suivons la base de l'escarpement à travers la plus acérée des brousses épineuses, jusqu'au Ouei-ouei. Enfin, nous dirigeant vers le versant occidental du Kamasia, nous atteignons, à la fin de l'étape suivante, notre ancien campement de Kaptè. Impatient de savoir ce qu'était devenu le noyau de ma caravane, je pris les devants, laissant derrière moi Makatoubou et le gros de ma troupe. Une première marche nous fait traverser la montagne; la seconde nous amène au quartier général, où, sauf la mort d'un de nos porteurs, tout s'était assez bien passé pendant mon absence. Mais, dans l'intervalle, la chaleur avait tout desséché aux alentours, et les moustiques rendaient le pays presque inhabitable.

J'eus comme distraction la bonne fortune de voir plusieurs membres d'une tribu du nord, les Oua-Souk. Ils vont absolument nus, si j'en excepte un très petit morceau de peau de chevreau brodée de perles que l'un d'eux avait sur la poitrine comme une bavette; un ornement de laiton plat pendait de leur lèvre inférieure, embarrassant, sans nul doute, et douloureux à porter. Mais leur coiffure est surtout remarquable. Au moyen de quelque procédé, que je ne pus découvrir, ils arrangent leur chevelure en une sorte de sac un peu pointu en arrière; un long « bigoudi » de corne en fait le tour et se relève sur le sommet du crâne; une préparation glutineuse colle les cheveux en une masse solide, qui les fait ressembler à un morceau de bois d'ébène brut. L'ouverture de cette façon de cornemuse est en dessous, la main s'y introduit en remontant derrière le dos; ils y placent divers petits objets, leur verroterie, etc., etc.

Les Oua-Souk sont, dit-on, fort batailleurs et en remontreraient aux Massaï, chez lesquels ils se permettent de faire de nombreuses incursions; ils ont même forcé ces guerriers redoutables à se retirer des parties septentrionales du Lykipia. Ils occupent une superbe et

Naturels de Souk. — Gravure empruntée à l'édition anglaise.

pittoresque chaîne de montagnes qui traverse la grande dépression longitudinale à quelque cinquante kilomètres au nord du Baringo, élèvent bétail, moutons et chèvres, et cultivent aussi le sol. Ils ne se construisent pas de huttes, à moins qu'on ne donne ce nom à une grossière enceinte de pierre assez large pour contenir deux personnes; s'il pleut, ils s'accroupissent dans ces bouges sans toit, s'abritant sous des peaux de bœuf tannées.

Au delà du pays des Souk on trouve l'Engobot, depuis quelques années seulement ouvert au trafic de la côte; ensuite viennent environ cent trente kilomètres de forêt, inhabitée par les hommes, mais où, dit-on, de nombreuses troupes d'éléphants vivent dans une profonde paix; leur ivoire pourrit sur le sol, car les gens de la région avoisinante n'ont aucune relation avec les traitants et ne connaissent pas la valeur de ce précieux article : une défense vendue en Angleterre trois ou quatre mille francs coûte là-bas la peine de

Lancé dans les airs (voy. p. 259). — Dessin de Y. Pranishnikoff, d'après une gravure de l'édition anglaise.

la ramasser, ou les deux sous de verroterie qu'on octroie aux naturels.

Jumba Kimameta, nous l'apprîmes plus tard, traversa le premier ce pays inconnu et gagna l'Elgoumi, qu'il trouva extraordinairement populeux ; les habitants lui vendaient des ânes pour quelques fils de perles, une chèvre pour un seul, une défense d'éléphant pour deux ou trois, de grandes corbeilles de vivres pour des prix analogues. Les naturels ont des atours de perles tout à fait différents de ceux que vendent les traitants et qui doivent avoir été importés à une période fort ancienne ; les femmes mettent un minuscule tablier de peau, les hommes, une étroite ceinture de verroterie. Près du point le plus éloigné qu'atteignit Jumba, on lui parla d'un très vaste lac salé où voguent des bateaux.

Quant au Baringo, sur les bords duquel nous étions revenus, il a trente kilomètres de long sur seize de large. Pendant la saison des pluies il reçoit sept ou huit gros torrents, sans que cette énorme masse de liquide fasse monter son niveau de plus de soixante centimètres : phénomène énigmatique, si l'on n'admet pas l'existence d'un émissaire souterrain. L'eau n'a pas la moindre salure, et nourrit un nombre incalculable de poissons. Kirouan, l'île centrale, est habitée par des Oua-Kouafi, qui cultivent le sol, et possèdent des bœufs, des brebis et des chèvres. Ils vont et viennent dans de jolies nacelles, faites de troncs assemblés d'une légumineuse aussi légère que le liège, suffisantes pour contenir un homme. Mais aucun d'eux ne voulut me passer dans l'île, craignant que ma présence ne suffît pour l'ensorceler.

XIII

NOS CHASSES A BARINGO. — LE RETOUR A LA CÔTE.

Sous les pieds d'un éléphant. — Terrible anxiété. — Ma première conquête d'ivoire. — Chasse au lion.... pour rire. — En route pour Naïvacha. — Symptômes inquiétants. — En détresse. — Six semaines de lutte contre la mort. — Retour à Rabaï.

Makatoubou revint du Kamasia à la fin de janvier, avec beaucoup moins de vivres qu'il n'en eût fallu pour un séjour prolongé au Baringo et le voyage de retour par la terre des Massaï. Ma blessure était bien guérie et je ne demandais qu'à repartir ; mais comment abandonner les vieux traitants que Jumba avait laissés à Ndjemps? Ils commençaient à être fort inquiets de la longue absence de leur chef ; de sinistres rumeurs couraient la contrée ; on ne parlait plus que de combats, que de massacres, et je me vis forcé d'attendre encore, malgré l'épuisement de nos pacotilles et provisions.

Donc je me décidai à visiter la région nord du district, et à prendre, si possible, un peu de bon temps à la chasse.

Nous nous dirigeâmes à l'est, vers la base des monts Lykipia, à travers un terrain bouleversé où la marche était des plus pénibles. Le lendemain on signale

un troupeau de buffles, que je jugeai prudent de ne pas attaquer. J'allais montrer le même respect pour un rhinocéros, mais il se permit de nous courir sus, il le paya de sa vie ; son camarade, à son tour, reçut une balle dans le cœur ; un troisième, traversant notre route, fut salué de la même façon ; nous le croyions bien mort, Brahim sauta sur lui, et en un clin d'œil son couteau disparaissait dans la gorge du colosse ; mais, juste à l'instant où le sang jaillissait en un torrent vermeil, la bête se releva brusquement et d'un coup de tête se débarrassa de son bourreau ; nous nous éparpillons à corps perdus ; elle s'assure sur ses jarrets et nous charge, le cou entièrement ouvert ; mais sa vie s'écoulait avec son sang, et en quelques minutes ce fut fini. J'aperçus aussi, de loin, une antilope, différente de toutes celles que j'avais vues jusqu'alors, probablement le plus petit des coudous.

Le lendemain je tirai un buffle, dont je faillis recevoir un nouvel et sérieux avertissement : j'étais presque entre les cornes de l'animal, altéré de vengeance, que je regardais encore ailleurs, prenant pour ma victime un autre buffle qui détalait à toutes jambes.

A quelque distance de là, Brahim me signale un éléphant. Enfin j'en tenais donc un ! Mais comment l'approcher : ni arbre, ni fourré dans le voisinage du noble animal. Un ravin nous permet de gagner du terrain sans risquer d'être vus ; mais il se termine à moins de cinquante mètres de la bête ; ici commencent les difficultés réelles. L'éléphant broutait sans se presser, mais de temps à autre il se tournait à demi pour tondre quelque arbrisseau ; nous nous aplatissions sur le sol pour nous relever ensuite et nous glisser en avant, prêts à nous dissimuler encore quand il faisait mine d'allonger le cou de notre côté. Mes sensations, toutes piquantes qu'elles étaient, devenaient de moins en moins agréables ; je me trouvais sur un terrain découvert à quelques mètres seulement du Goliath des quadrupèdes.

Dix mètres ! nous étions à la distance voulue : non sans une certaine trépidation, je pose un genou en terre, je lève mon fusil ; enfin la bête fait le mouvement que j'attendais et se présente presque à angle droit. Une balle de mon 8-bore l'atteint, mais un peu diagonalement, car elle manque le cœur. L'animal pousse une sorte de grognement et s'éloigne d'un trot rapide ; je lui dépêche le contenu du second canon, puis je saisis ma carabine express, dont je tire les deux coups. Au quatrième l'animal fait entendre un cri éclatant comme celui de la trompette ; il vire de bord et s'élance de notre côté. « Cette fois, c'est pour tout de bon ! » me dis-je ; pourtant il me reste assez de présence d'esprit pour tomber derrière une touffe d'herbes et, d'une voix tour à tour furieuse et suppliante, intimer à mes compagnons l'ordre de faire de même, car ils se mettaient en devoir de prendre la fuite, ce qui les eût voués à une mort certaine. Brahim avait rechargé mon fusil avec des cartouches, oubliant d'abattre le levier. Rectifiant cette dangereuse méprise, je me tortille dans une position convenable pour voir quand viendrait le moment.

On s'imaginera plus aisément que je ne puis décrire mon émotion à la vue de ce monstre avançant avec une vitesse terrible, animé du désir de la vengeance. La gorge douloureusement contractée, je comptais tous ses pas. Quoique celui-ci dût être grièvement blessé, il lui restait évidemment assez de force pour nous écraser tous. Il accourait, droit sur notre retraite; il ne pouvait tarder à nous découvrir, et alors!... L'espace qui nous séparait de lui s'amoindrissait avec une effroyable rapidité; une transpiration profuse découlait de mon front et me voilait les yeux, et cependant je devenais plus calme à mesure que s'accroissait le danger.

Une seule chose me préoccupait maintenant : faut-il attendre? L'éléphant approchait toujours. Mes gens me suppliaient de faire feu; je répondis par un coup de pied, leur donnant l'ordre de ne pas bouger. Mon fusil était épaulé; mon regard glissait le long du canon. Dix mètres! à l'instant même où j'allais presser la détente, l'éléphant obliqua un peu de côté : grâce à Dieu, il ne nous avait pas vus; nous étions sauvés! Comme il passait tout près de nous, je me préparais à tirer,

Rhinocéros se débarrassant de Brahim. — Composition de Y. Pranishnikoff, d'après le texte.

quand une main étreignit nerveusement ma jambe; une voix étranglée par la terreur me conjura de n'en rien faire; je me sentais tout étourdi, tout ébranlé. Notre anxiété avait été terrible, courte aussi, par bonheur; il s'écoula à peine deux minutes entre mon premier coup de feu et le retour de l'éléphant.

L'animal blessé disparut dans le lit desséché d'un torrent.

Mes gens s'étaient lancés avec ardeur à sa poursuite. J'avais les pieds endoloris; je marchais difficilement; je fus bientôt distancé et finis par perdre de vue le gibier et les chasseurs. Le soleil se coucha; j'étais à plus de seize kilomètres du camp, sans armes, dans un district hanté par les lions. L'obscurité se faisait de plus en plus épaisse; je me sentais tout étrange, un peu troublé même, quand un coup de feu retentit dans les brousses lointaines. Bientôt, à ma très grande joie, je vis deux formes humaines se dessiner dans les ténèbres. Brahim et Bédoué avaient tiré presque à bout portant sur l'animal, mais la nuit vint les forcer à abandonner la partie. Nous arrivâmes au camp moulus, éreintés, mais heureux de nous y retrouver sains et saufs.

Le lendemain nous reprenions la piste de la veille. Presque aussitôt un de nos hommes accourt, hors d'haleine : il a vu des éléphants. Mon ardeur se réveille, et, m'équipant à la hâte, je m'élance vers l'endroit désigné. Ils étaient trois : le mâle, la femelle, un petit. Malheureusement mes hommes se firent voir trop tôt, et les nobles animaux, après avoir fait mine de nous charger, s'enfoncèrent dans un épais hallier où ils disparurent bientôt. Nous réussissons cependant à en suivre la piste; une demi-heure après, nous les avions presque rejoints dans la brousse, où nous avancions avec des précautions infinies.

En tournant autour d'un fourré, j'en vis un à trois mètres; je fis feu et me glissai prestement sous un buisson; d'abord les oreilles étendues, l'animal court droit sur moi; j'allais lui expédier le contenu de l'autre canon, quand, apercevant mes vaillants camarades qui s'enfuyaient à toutes jambes, il parut, lui aussi, contracter la même panique et, pirouettant sur lui-même, rentra sous le hallier. Je m'élançai pour le suivre, croyant, d'après le bruit de branches écrasées, qu'il continuait de l'avant. Quelle fut mon épouvante quand, sortant à grand'peine d'un épais buisson, je me trouvai presque sur lui : un seul mouvement de sa queue eût pu me lancer à terre sans connaissance. Ayant retrouvé mon aplomb, je vis l'animal assis, oui, assis sur son séant, dans une posture pleine de dignité; ne m'arrêtant point à contempler cet étrange spectacle, je dépêchai une balle dans la colonne vertébrale de l'éléphant, qui, solennel jusqu'au bout, s'affaissa peu à peu, ses pieds de devant repliés. Puis, fier comme Nemrod, je me redressai pour me mettre aussi en scène dans ce tableau grandiose. Le premier projectile aurait suffi; l'animal tomba à moins de dix mètres de l'endroit où il l'avait reçu. Les défenses, quoique de petite taille, étaient admirablement belles et pesaient ensemble une quinzaine de kilogrammes.

Le lendemain nous nous mettons derechef en quête. Nous entrons sous la feuillée et marchons en silence; un bruit d'éléphants attire notre attention. J'aperçois bientôt un de ces colosses; je tire à moins de dix mètres : l'éléphant, quoique touché, décampe aussitôt, et moi, surexcité, oubliant tout le reste, je m'élance à sa poursuite. Bientôt je le rejoins; sa blessure saignait abondamment; un second projectile l'atteint dans le flanc opposé. Mais, à l'instant même où je tirais, j'entends à ma gauche, et presque à me toucher, un écrasement de sous-bois; il semble qu'on me verse un seau d'eau froide dans le dos; vivement je me retourne : la tête d'un éléphant sort du hallier; le colosse entre dans ma petite clairière, je tombe prestement derrière un méchant broussis, me disant que, pour peu que l'animal ait l'humeur querelleuse, j'en ai tout au plus pour cinq minutes de vie. J'étais seulement abrité par un squelette de buisson, contemplant de bas en haut l'énorme bête, dont la tête me surplombait presque. A droite s'enfuyait un autre éléphant; quatre ou cinq brisaient les branches derrière moi; à gauche, je ne sais combien. De fait, je me trouvais au beau milieu d'un troupeau; tous, il est vrai, tirant au large, sauf celui-ci, qui regardait à la

ronde d'un air stupide, comme pour demander ce que signifiait tout ce tapage. Il ne me voyait pas : j'étais trop immédiatement au-dessous. Mais je tenais mon fusil braqué, visant une des dépressions du front, et, s'il avait fait un pas de plus, mon projectile se logeait dans quelque coin de son crâne. J'étais courbé en avant, immobile comme une statue; pas un de mes muscles ne bougeait; dans une anxiété indicible, j'attendais l'occasion d'agir; brusquement l'éléphant se tourne; ma balle lui traverse le cœur. Il beugla, il hurla plutôt un long cri d'agonie et disparut dans le fourré. Quelques instants après accouraient mes compagnons, qui, inutile de le dire, m'avaient planté là au moment du danger. J'en pris un ou deux avec moi, et me remis à suivre la trace de la première de mes victimes. Ce ne fut pas difficile : le sang jaillissant des deux côtés avait aspergé les buissons d'une rosée vermeille. Peu à peu les taches se montrèrent plus espacées et moins visibles; les halliers se faisaient plus épais; il devenait impossible de suivre la piste, et je dus me contenter de retrouver le cadavre du premier éléphant, tombé à moins de cinquante mètres du lieu où je l'avais tiré.

Le soleil descendait sur l'horizon; le camp était fort loin et je dus battre en retraite, après avoir extrait les défenses, de même taille à peu près que celles de la journée précédente. Le lendemain nous nous acheminâmes droit vers la région forestière supérieure : à peine en route, nous signalons une femelle de rhinocéros accompagnée de son petit; m'approchant à quarante mètres, je fais feu de ma carabine express et la touche à l'épaule, un peu trop haut pourtant. Avant qu'elle ait pu recouvrer ses esprits, je l'atteins une seconde fois, au cou; une troisième fois, au côté; elle revient à elle, et, apercevant son nourrisson, semble croire qu'il est la cause de son mal; stupidement elle se rue sur lui; le pauvre innocent, éperdu de surprise et d'anxiété, présente un spectacle aussi piteux que comique. Sans doute la mère finit par comprendre l'absurdité de son idée, car elle renonça à faire voyager sa progéniture dans les airs, et s'enfuit précipitamment. Je courais après elle, quand un bruit vint m'électriser : je croyais entendre le clairon d'un éléphant, et, laissant le rhinocéros à mes hommes, je m'élance à la poursuite de plus noble gibier : c'était un buffle, dont je me gardai bien de troubler le repos.

Cette existence de fatigues et d'émotions perpétuelles avait mis mes hommes sur les dents; je finis moi-même par m'en ressentir. Bref, je me décidai à retourner à Ndjemps, abandonnant, non sans regret, une partie de chasse qui, en une quinzaine de jours, aurait pu me procurer pour vingt-cinq mille francs d'ivoire.

Le lendemain, par une route très difficile, nous arrivions au lac; de loin je vis un lion, et tuai une antilope, d'espèce nouvelle pour moi, peut-être pour la science. Ce jour-là, avant de gagner le bivouac, je m'escrimais péniblement au milieu des pierres et

Contemplant de bas en haut l'énorme bête. — Dessin de Y. Pranishnikoff, d'après une gravure de l'édition anglaise.

au travers des épines, sans armes, mon porteur de fusil était assez loin en arrière; soudain mes yeux s'arrêtent sur un spectacle bien fait pour me glacer le sang dans les veines; je prends une attitude qui m'eût valu des tonnerres d'applaudissements sur les planches d'un théâtre d'outre-mer. Un lion superbe était couché à une cinquantaine de mètres au plus, s'abandonnant aux douceurs de la sieste. Je regarde autour de moi; mes hommes sont à peine en vue! Il me faut ma carabine pourtant, et, m'allongeant dans les herbes, je commence à me couler en arrière, gardant toujours mon œil sur la royale bête; lentement, pas à pas, je finis par rejoindre mes gens, qui, d'après mes gestes et mon exaltation, devaient me croire insensé. Je me saisis d'un snider; en proie à la fièvre des « glorieuses attentes », je me vois déjà racontant la mort du lion à une assistance palpitant d'émoi; je lui exhibe la robe du roi des animaux.... Revenu à mon premier point d'observation, je constate avec bonheur que Sa Majesté sommeille encore, et je me glisse vers lui avec tout le stoïcisme d'un fakir indien. Les épines avaient beau pénétrer dans ma chair, ma peau être enlevée des mains et des genoux, rien ne m'arrachait une plainte, rien ne détournait mes regards de ma future conquête. Pouce par pouce je m'en approchais; mon espoir, ma surexcitation grandissaient à chaque seconde : l'émotion me serrait à la gorge. La distance n'était plus que de trente, de vingt mètres; l'animal ne bougeait pas. Voici le moment! Je tirai. — Un terrible tapage — du fusil, pas du lion. Il me souvient qu'en même temps mon genou reculait vivement, au contact d'une grosse épine. Je m'attendais à voir ma victime bondir dans les airs avec un effroyable rugissement d'agonie : il ne remua pas. « Je l'ai tué raide! pensai-je, mais assurons-nous-en! » et je tire de nouveau. — « Rien! il est bien mort! Hourra! un lion! » Je me relève, je le crie à mes hommes; ils accourent, remplissant les airs de leurs acclamations, tandis que je m'avançais vers ma proie. A peine avais-je franchi quelques mètres, que je recevais en plein une terrible douche.... mentale. Ah! dieux! quel âne stupide!! Oui, le lion était mort et bien mort! J'avais fait feu sur une roche!! Je ne m'arrêtai point à expliquer l'affaire à mes suivants étonnés, et m'esquivai prestement : une petite plaisanterie, leur dis-je plus tard, pour les distraire des ennuis de la marche.

Lorsque je fus de retour au camp, j'appris que la famine sévissait à Ndjemps! impossible de s'y procurer des vivres. Attendre plus longtemps, c'était consumer nos provisions en pure perte, et compromettre notre retraite. Je décidai de partir le 17 février. Les nouvelles contradictoires que l'on avait de Jumba me rendaient fort perplexe. Son guide était revenu, disant que toute la caravane avait été massacrée dans l'Elgoumi et que seul il avait pu échapper au désastre. Le lendemain, un autre indigène qui revenait du pays des Souk nous assura qu'il n'en était rien. Sur la foi des premières nouvelles, j'avais offert aux trafiquants

laissés par Jumba à Ndjemps, de les rapatrier avec moi, malgré l'excessive exiguïté de mes provisions. Mais, je le dis à leur très grand honneur, ils se montrèrent résolus à ne pas abandonner leur patron, ni forfaire à la confiance qu'il leur avait témoignée. Ils attendraient, au risque de mourir de faim.

Le 22 février je quittais ma petite hutte à l'ombre du sycomore du Guaso Tiguiriah, et nous vînmes camper à Ndjemps du Guaso-na-Nyouki. Le 24 nous reprenions notre marche vers le lac Naïvacha, le long d'une lagune qu'alimentent deux ruisseaux et nombre de sources à la température de trente-deux degrés. On remonta ensuite la vallée du Ngaré Rongei (rivière étroite), charmant cours d'eau, formé, lui aussi, par une foule de fontaines chaudes que l'on voit sourdre en bouillonnant le long d'une ligne de fracture. On établit le bivouac près d'une lagune formée par les sources supérieures du Guaso Rongei, et nous dûmes nous contenter de boire de l'eau chaude.

Depuis quelques jours, certains symptômes dysentériques, causés, sans nul doute, par mon mauvais régime des deux derniers mois, commençaient à m'inquiéter. A notre départ du Ngaré Rongei, j'étais si faible que je me vis forcé d'enfourcher une bourrique. Après une étape de huit heures, sans eau, je me trouvais fort mal et ne pus ni manger ni dormir. La journée suivante, mes souffrances augmentèrent, et cependant, sous peine de mourir de faim, j'étais obligé, ayant à peine la force de soulever ma carabine, de poursuivre encore le gibier, pour alimenter ma troupe.

Le 27 j'étais hors d'état de marcher; mais il fallait aller de l'avant. Nous arrivâmes à un kraal où des El-Moran de fort haute mine habitaient avec leurs ditto; cette fois ils se montrèrent bons princes. La nature de mon mal ne faisait plus de doute; j'avais une dysenterie de la pire espèce, et pas le moindre remède pour la combattre : rien que du thé; tout avait disparu, jusqu'au sel de cuisine.

Nous n'atteignîmes notre campement au nord du lac El-Meteita qu'après une terrible course sous un soleil torride. On devait me soutenir sur mon âne.

L'étape suivante nous conduisit à Kékoupé. Plus mort que vif, étançonné sur l'âne plutôt comme un cadavre que comme un être vivant, on m'emporta de Kékoupé. Je n'avais plus qu'une idée fixe : « Arrivons à Naïvacha, le lait me guérira », et malgré mes souffrances, malgré l'ardeur du soleil, je pressais la marche des hommes. Un d'entre eux mourut de la dysenterie; on n'avait pu le cacher aux Massaï, et il fallut, en conséquence, abandonner son cadavre aux hyènes.

Le 4 mars nous regagnions notre ancien campement à Mesguina, au nord du Naïvacha; là je me laissai entièrement aller; je ne pouvais plus me tenir ni debout, ni assis; mon estomac ne pouvait plus même supporter le lait. Je redoutais une perforation du côlon, qui eût amené un prochain dénouement; mais le repos fit merveille. Du reste je ne perdis jamais espoir; je ne me permis pas un instant de penser que mon corps pût servir de pâture aux bêtes sauvages. Depuis sept jours je n'avais eu pour m'alimenter que quelques tasses de potage maigre ; car, par suite de l'épizootie, on ne pouvait acheter de bétail sain, à quelque prix que ce fût. Me trouvant un peu moins mal après deux jours de complet repos, je décidai que nous nous rendrions à Mianzi-ni, la bamboulaie du plateau, pour entrer en communication avec les Oua-Kikouyou, et essayer de nous procurer des vivres ; on me hissa dans un hamac amarré à une perche. Le soir, un autre de mes gens mourut de la dysenterie et, comme le pre-mier, dut être jeté aux hyènes. Martin, qui redoutait pour moi le même sort, ne me l'apprit que bien des jours après. Le pauvre garçon était désespéré.

Mianzi-ni est à une altitude de deux mille sept cent cinquante mètres ; nous nous trouvions dans des quartiers aussi misérables que possible. Le froid était excessif ; l'humidité, le vent, la pluie, la grêle y faisaient rage. J'y souffris, en conséquence, d'une rechute des plus graves. Voici ce que je trouve dans mon carnet, à la date du 12 mars : « Trois journées des plus critiques, où je chancelai sur les bords de la tombe ; j'ai réussi à faire un saut en arrière et à narguer la

Massaï tuant un porteur (voy. p. 368). — Composition de Y. Pranishnikoff, d'après le texte.

camarde ; l'appétit revient, et, après une quinzaine de famine, je vais pouvoir manger. » Suit un « blanc » de six semaines qui tient lieu de tout commentaire.

Le 13 on m'avait transporté de ma tente dans une hutte faite de chènevottes d'herbe. Immédiatement après, un terrible orage de tonnerre et de grêle se déchaîna sur le Mianzi-ni. Pendant des heures entières, de gros boulets de glace mitraillèrent le sol au milieu des roulements de la foudre et du jaillissement des éclairs. Le pays était blanc de grêlons, du moins dans les lieux découverts. On eût dit un paysage d'hiver en Angleterre. Pour mon compte, je fus trempé de part en part.

Le résultat en fut encore une rechute, et dans les plus misérables conditions. Six semaines durant, comme je l'ai dit plus haut, je restai gisant aux portes de la mort : jamais je n'eus plus de quinze minutes de sommeil de suite. Ma case — de simples paquets de graminées — était sans fenêtres, et le froid obligeait à en tenir la porte fermée. Impossible d'allumer du feu ; nous n'avions point de suif pour fabriquer des chandelles ; Martin, pauvre garçon ! était trop inquiet de mon sort pour être un camarade agréable ; moi-même, je n'avais pas la force de parler, et plus d'une fois je crus toucher à mes derniers moments. Pendant les longues et lugubres nuits d'insomnie, où le vent gémissait à travers la bamboulaie, comme je remerciais Dieu quand le coq (nous en avions apporté un du Kavirondo), quand le coq, dis-je, jetait aux échos sa première fanfare! Alors je reprenais patience, et je prêtais l'oreille pour entendre les gazouillis des oiseaux s'éveillant les uns après les autres, jusqu'à ce que, par les interstices du paillis, on pût voir filtrer de faibles faisceaux de lumière : une autre et triste journée avait commencé! Songoro apparaissait avec le potage; un peu plus tard, Martin et ses questions anxieuses. Je devins affreux à contempler : mes yeux s'enfonçaient au plus profond de leurs orbites; un sac de peau tiré sur un squelette et renfermant les organes indispensables à la vie pourrait seul représenter mon individu. Mais laissons là ces tristes souvenirs.

Les Massaï du pays environnant étaient exaspérés par la persistance de l'épizootie qui décimait leurs troupeaux, et de la sécheresse qui, rendant les plaines inhabitables, les retenait malgré le froid dans le haut pays. La moindre contrariété les mettait hors d'eux. Un jour, un de mes porteurs ayant déclaré qu'il n'avait plus une enfilade de perles à offrir en présent, un guerrier lui démontra qu'un être réduit à une si misérable condition n'avait plus aucun droit à l'existence, en l'em-

Mianzi-ni vue du sud (voy. p. 367). — Gravure empruntée à l'édition anglaise.

brochant sur sa terrible lance d'abord, et en lui ouvrant le crâne ensuite. Ceci se passait aux portes mêmes du camp, et, pour mettre le comble à la mesure, nous dûmes payer une indemnité aux Massaï, en compensation du sang qui avait souillé leur territoire.

Vers la fin d'avril, à notre très joyeuse surprise, Jumba Kimameta et les siens nous rejoignirent sains et saufs, chargés de l'ivoire qu'ils rapportaient de régions où jamais n'avaient pénétré les caravanes de la côte. Nous fîmes route ensemble, moi plus mort que vif, jusqu'à Ngongo-a-Bagas, où nous trouvâmes une caravane montant de la côte, qui nous ravitailla. Ce fut là que je me séparai de Jumba, qui retournait à Pangani; c'est certainement un des meilleurs camarades que j'aie rencontrés.

Je me repris à la vie en traversant le district montagneux d'Oulou, fertile, bien cultivé et très peuplé.

Puis nous franchîmes à marches forcées les solitudes affreuses du désert qui s'étend vers le Kikoumbouliou. Nos marchandises étaient épuisées; mais les hommes, réduits à demi-ration, ne murmuraient pas; nul reproche ne sortait de leurs lèvres; bravement ils arpentaient le sol depuis la fraîcheur de l'aube jusqu'à la rosée du soir, la gorge contractée par la soif, la faim leur tordant les entrailles; mais ils voyaient les dollars d'argent reluire au bout de la course, et courbaient avec bonheur leurs épaules sous le poids de celui qui représentait leurs espérances. Mon vœu se trouvait accompli : je les avais ramassés à Zanzibar l'écume de la basse pègre, je les ramenais hommes, délivrés de leurs plaies physiques et morales, les qualités ayant décidément pris le dessus. Ils se raillaient de leurs souffrances, et faisaient des mots sur leurs ventres vides.

Nous retrouvons le Nyika et ses inévitables horreurs; on traverse le Kikoumbouliou, décimé par la famine, puis la rivière Tzavo pour rentrer dans le Teita. Nos vivres étaient tout à fait épuisés. Le 21 mai nous étions à Ndara; partout on bramait la faim; mes hommes ne purent y glaner que des cannes à sucre, nourriture plus agréable que réconfortante.

Trois jours après, nous épouvantions les habitants de Rabaï par les volées de coups de fusil dont nous les saluâmes.. Mais ils furent bientôt rassurés en m'apercevant à la tête de ma petite troupe : c'était la première fois que je marchais depuis tantôt trois mois.

De Zanzibar, où je n'ai pas besoin de dire que mes amis me firent fête, je me rendis à Bombay sur un des navires du sultan, qui m'avait fait offrir d'y prendre passage, et de là je regagnai l'Écosse, vià Brindisi.

Je terminerai par un mot à la louange de James Martin. Intelligent, empressé, toujours gai, rempli de tact, je n'en saurais avoir trop d'estime. Le fait seul que, du commencement à la fin, nous avons vécu en constante harmonie et sans la moindre querelle, en dit plus que des volumes.

Traduit et condensé par Frédéric BERNARD.